Hermes
A divina arte da Comunicação

FRANCISCO VIANA

CLA editora
2006

Editor: Fabio Humberg
Assistente Editorial: Cristina Bragato
Capa: Fernando Reis sobre tela de Hendrik Goltzius (Visipix.com)
Projeto gráfico e diagramação: João Carlos Porto
Revisão: Humberto Grenes

**Dados Internacionais de Catalogação na Publicação (CIP)
(Câmara Brasileira do Livro, SP, Brasil)**

Viana, Francisco
  Hermes : a divina arte da comunicação /
Francisco Viana. -- São Paulo : Editora CLA, 2006.

Bibliografia.

  1. Comunicação - História 2. Comunicação na
administração 3. Hermes (Divindade grega)
I. Título.

06-0909   CDD-302.209

  Índices para catálogo sistemático:
  1. Comunicação : História 302.209

Todos os direitos para a língua portuguesa reservados
Editora CLA Cultural Ltda.
Rua Coronel Jaime Americano 30 – salas 12/13 – 05351-060 – São Paulo – SP
Tel/fax: (11) 3766-9015 – e-mail: editoracla@editoracla.com.br
www.editoracla.com.br

Impresso no Brasil – 2006

A
Ana Affonso,
Carlos Thompson,
Nereu Leme,
Rose Amanthéa,
pela amizade, pela confiança, pelos ensinamentos

Agradecimentos: José Maria Souza, Luiz Walter Coelho, Lara Garcia Mueller Costa, Leda Maria Abbês e Tatiana Viana.

Agradecimento especial: a Fabio Humberg, pela luminosidade das idéias, pela persistente clareza de visão.

Índice

Prefácio – O deus dos ladrões, comerciantes e comunicadores .. 7

Introdução – Do tempo dos deuses aos nossos dias 11

Parte I – Hermes, um deus, duas naturezas 23

Deuses e homens 37

A imagem é a mensagem? 42

O alquimista do progresso 45

Nuanças e sutilezas 47

Parte II – As diferentes faces da Comunicação 55

Sagrado (des) equilíbrio 59

Uma breve linha do tempo 64

Parte III – Alexandre, o Comunicador 75

Parte IV – Comunicação e Democracia,
faces de uma mesma moeda 85

Parte V – Pequeno Dicionário da Moderna Comunicação 97

Bibliografia 125

"O tempo antigo contrapõe-se, em todo o seu esplendor, ao presente; tem ele, sem dúvida, um significado para o presente, mas não no sentido de poder iluminar a situação histórica atual, e sim porque os heróis e os acontecimentos são, por assim dizer, modelos, com base nos quais compreendemos a nós mesmos e nosso agir, e segundo os quais podemos orientar-nos."
Bruno Snell

"Se existissem deuses,
como é que eu iria suportar não ser Deus."
Nietzsche

Prefácio

O deus dos ladrões, comerciantes e comunicadores

Pense que deus é esse, adorado por protagonistas que têm em comum o prazer e o negócio da troca e da circulação. Esse deus é Hermes, postado no fundo dos tempos, muito antes da existência dos bancos, dos shopping-centers *e das mídias que se distanciaram do papel e da missão de informar.*

Hermes, o deus grego, atravessou os séculos, foi menino-jornaleiro e renasceu pós-moderno como senhor das redes de comunicação e de relacionamentos. As suas sandálias aladas e sagradas são metáforas dos satélites e das fibras óticas que distribuem universos de informações nas formas de palavras e imagens editadas e planejadas para construir e destruir histórias, líderes, países e marcas.

Os últimos 60 anos nos trazem rapidamente pelas elevações de Hermes as imagens de guerras como as da Argélia, do Vietnã e do Iraque, as da fome na África e, entre milhões de outras possíveis, as do terrorismo que explodiu, em 11 de setembro, as torres gêmeas norte-americanas. E, também, as da queda das ditaduras além e aquém do Muro de Berlim. Hermes, como se vê, tem como o seu negócio a mediação. Ele aparentemente lucra na transação e não se importa com os vírus, com as pragas, com os bálsamos que entrega. Esse deus é a própria contradição.

No âmbito das empresas, Hermes está em meio às mudanças, às invenções e reinvenções, à destruição criativa, à destruição pela ignorância, às reestruturações produtivas e patrimoniais. Hermes celebra entre empregados e acionistas o luto e apresenta os novos heróis. Hermes ignora, reconhece e demite.

Como comerciante, empreendedor, deus da moeda, ele vende, taxa, cobra e executa aqueles que são maus pagadores. Ao mesmo tempo, na velocidade da imagem, ele trafega com as mensagens da filantropia, da benemerência, das responsabilidades corporativas. Qual é o seu verdadeiro rosto? O que é que vale: a ação ou a retórica?

Como ladrão, Hermes leva os tribunais aonde o Estado e as organizações não querem chegar. Ele rouba dos ricos e reparte as presas com os pobres. Na Cidade do Diabo, Hermes mostra que tem o fogo, as brasas, os fornos e os ferros quentes. Ele é a força ilegal, abusada e desmesurada.

No papel de um deus comunicador, Hermes se mostra com muito esmero. Nos editoriais se mostra sério, ortodoxo, missionário, visionário. Nas manchetes é o ser que tem identidade com as melhores bandeiras. Nas páginas escondidas, ele vende meninas e meninos aos leitores, que também são tarados, pedófilos, pais e mães de família.

Quem é esse deus que, em nome da liberdade de circulação, não filtra e não censura as mensagens, sejam elas quais forem? Quem é esse deus administrador que se preocupa com os dividendos das famílias-acionistas e com as despesas do final do mês?

O nome dele é Hermes. O deus que tem como seu emblema um caduceu, onde se equilibram e se enrolam, à esquerda e à direita, duas serpentes. O antagonismo e o equilíbrio. O editorial e o comercial. O diurno e o noturno. O maléfico e o benéfico. Quem é verdadeiramente Hermes?

De maneira culta, como raramente se fez na história da comunicação empresarial brasileira, mas de leitura envolvente, o jornalista Francisco Viana analisa por meio de seu livro iluminado um Hermes mestiço que revela os caminhos dos comunicadores que não querem atuar guiados pelas pressões quantitativas e por um planejamento que arrasa o humanismo, a democracia, a ética, a comunidade e a nacionalidade. Vale lembrar que o divino mensageiro foi o mediador do primeiro casamento não compulsório entre brancos e negros, ainda no antigo Egito, semeando assim todo um magnético diálogo de raças e culturas, desafiando preconceitos e afirmando uma concepção integrada e múltipla de vida. Portanto, de sensível e útil comunicação que pode, e deve, ser um paradigma para superação dos impasses dos nossos conturbados tempos modernos.

Em Hermes – A divina arte da comunicação, *temos o entendimento de uma comunicação possível como um processo complexo, no qual Hermes funciona como uma mega-metáfora, "que revela, esconde, dá os sinais. Como um médico que cura e causa a dor. Como um filósofo que propõe as incógnitas. Como o poeta que vê o invisível". Ou ainda como "a luz que ilumina as trevas. Faz tudo florescer ou fenecer. Não subtrai dos fatos o que é a eles inerente, mas pode atenuá-los, substituir o brilho das aparências pela solidez da essência".*

É a partir da crença de a comunicação como uma ponte entre diferentes e até antagonistas, daí o caduceu que paramenta Hermes, que Francisco Viana pergunta "Quantos fracassos não acontecem no mundo moderno porque o comunicador é relegado a plano secundário?".

Paulo Nassar

Professor da ECA-USP (Escola de Comunicações e Artes da Universidade de São Paulo) e diretor-presidente da ABERJE (Associação Brasileira de Comunicação Empresarial)

Introdução

Do tempo dos deuses aos nossos dias

> *"Chegando ao alcance das vozes,*
> *Tentamos passar, curvados sobre os remos.*
> *E, contudo, nosso navio, as Sereias o vêem,*
> *Deslizando veloz, rente aos negros rochedos,*
> *E começam, então, a cantar com doçura."*
> **Homero[1], Odisséia**

Imagine: você acaba de entrar no túnel do tempo e os segundos são contados não pelo modo convencional, mas em séculos. Assim, rapidamente, você vai chegar ao período que se convencionou chamar de Idade Antiga. Ou seja, o ciclo que se inicia cerca de 10 mil anos a.C. e se prolonga até a morte de Cleópatra e Marco Antonio, por volta do ano 30 da era cristã, quando chega ao ocaso o chamado ciclo de Hércules. Época em que o deus Hermes, o mensageiro do Olimpo, teria vivido entre os homens, época em que a Comunicação era uma arte divina, época em que os livros viriam a ser a iluminação do mundo.

Nessa viagem de retorno, imagine, por exemplo, que você tem o privilégio de ler a edição original de *Bellum Civile*, em latim (*A Guerra Civil*), escrita de próprio punho por Júlio César. Ele, a quem se atribui grande competência no uso da Comunicação, que tirava sua força não do jogo de bastidores do Senado, mas do apoio popular, tentava explicar à opinião pública de Roma as razões que o levaram a entrar em guerra fratricida

---

[1] *De Homero, pouco se sabe. Na Antigüidade, sua vida foi um tema florescente, mas os autores geralmente escreveram muito pouco e todos tinham um ponto em comum: na vida de Homero tudo é incerto. Há quem diga que ele nasceu em Atenas, no Egito ou mesmo em Roma. Que era cego, poeta por excelência. Modernamente, existem dúvidas se a* Ilíada *e a* Odisséia *pertencem a um mesmo autor.*

com Pompeu, o Grande, nos remotos anos de 49 e 48 a.C., confrontando exércitos de 70 mil homens. Na obra, considerada a primeira no campo do marketing político, César[2] acusa Pompeu, que terminou derrotado, de romper com a legalidade, empurrando o império, não ele, para o massacre da guerra civil.

Se recuar bem mais no tempo, você vai conhecer os heróis homéricos, os oráculos, os poetas, os escritores, os reis-sacerdotes, as figuras magníficas das musas, os retóricos, os grandes oradores, todos, sob as formas mais variadas, excelentes comunicadores. Todos, de Aquiles a Alexandre, o Grande; de Teseu a Alcebíades, de Hércules a Heródoto; de Tucídides a Sócrates[3] ou Aristóteles, entre muitos e muitos outros, mestres nessa arte dotada de caráter transformador, seminal na construção da sociedade antiga e na sua evolução aos tempos modernos. Ou ouvir Platão, reunido com um grupo de estudantes, falando sobre o mito da Caverna e explicando que conhecer é um ato de libertação, é a educação do olhar, a arte da memória, a descoberta do gosto pelo conhecimento.

O convite a essa viagem pelos tempos antigos é uma forma de apresentar *Hermes, a Divina Arte da Comunicação*, terceiro volume da trilogia iniciada, há cinco anos, com *De Cara com a Mídia*, e complementada, em 2004, com *Comunicação Empresarial de A a Z*. Na prática, a proposta de *Hermes, a Divina Arte da Comunicação* caminha em duas direções, interligadas. Antes de detalhá-las, porém, é oportuno fazer um breve parêntese para algumas reflexões.

Luz e transgressão

No princípio, foi a dança, não o verbo. Essa talvez seja a mensagem mais cristalina do *Nascimento da Tragédia*, de Friedrich Nietzsche, publicado em 1872. Uma forma de olhar essa original reflexão é sob o

---

[2]*César escreveu o* Bellum Civile *quando já controlava a situação política, mas temia a insurgência de antigos aliados de Pompeu e de aristocratas insatisfeitos. Manipulou fatos a seu favor, sonegou informações, segundo os historiadores, e sequer cita a sua célebre passagem pelo Rubicão a caminho de Roma. Tudo para não ceder à tentação do autoelogio, preferindo ressaltar os objetivos políticos do relato à exaltação das suas qualidades como estadista e comandante militar. Por ironia do destino, viria a ser assassinado, por senadores seus inimigos, em 44 a.C., aos pés da estátua do seu adversário Pompeu que também morreu sob o golpe de inimigos traiçoeiros.*

[3]*Pensadores cristãos comparam Sócrates a Jesus. Não apenas porque ambos compareceram a tribunais e não se defenderam, porque não foram acusados de subverter os valores dominantes em suas épocas. Também, porque ambos não deixaram nada escrito sobre seus pensamentos. De Sócrates, como de Jesus, tudo que se sabe tem origem em fontes indiretas. De Sócrates afirma-se com convicção de que ele disse: "Só sei que nada sei." Ou a pergunta socrática: "O que é..."*

ângulo do significado do mito – e a dança é a sua síntese suprema como forma de arte – na cultura como "força natural, saudável e criativa". Segundo ele, o homem desprovido de mitos permanece eternamente perdido, atormentado, ansioso por reencontrar suas raízes.

O mito seria eterna pátria, o núcleo fundador da existência, a origem de toda a experiência que transcende o infinito. O mito pode ser Apolo[4], o deus da luz, de exuberante aparência, dos limites, da racionalidade, o deus que purifica regendo a harmonia real da música. O mito pode ser Dionísio[5], o deus dos instintos, da transgressão, do caos, da sensualidade, dos fenômenos que enlouquecem. A oposição, ainda nas palavras de Nietzsche, do "sonho e da embriaguez, do otimismo e do pessimismo, da palavra e da música, da serenidade e da melancolia..."

Com suas variadas faces, o mito é o que os antigos gregos chamavam de *Daimonion*, o nosso demônio familiar, o gênio pessoal que reconcilia o homem-genérico, o homem-razão, o homem-máquina, o homem-técnica, o homem-ciência, o homem teórico com o homem-poeta-artista-sensível, o homem livre dos totens ideológicos, da cultura, e que se recusa ao suicídio diário da perda da individualidade, ao rechaçar o trabalho alienante e a perda dos ideais. O mito, assim como os textos sagrados, remonta à nossa pré-história e estabelece uma hierarquia entre o ontem e o hoje, entre as crenças ancestrais e a inteligência moderna. E, por meio dos mitos, os personagens do passado permanecem sendo nossos guias e conselheiros, falando de coisas que tentamos entender, às vezes até pensamos entender, mas de fato nunca conseguimos alcançar.

Como forma de Comunicação, a dança é o elo a unir Apolo e Dionísio. Como metáfora, no campo empresarial, pode ser entendida como a união dos opostos. A empresa que busca o lucro, a sociedade que busca partilhá-lo. A empresa que necessita fazer da Comunicação um capital. A sociedade que quer ver na Comunicação o caminho seguro para a transparência. É esse jogo de oposição e integração que dá sentido à Comunica-

---

[4] *Hegel definiu Apolo como o mais grego dos deuses pela sua predominância sobre a matéria. Arqueiro infalível, é o deus que golpeia de longe. Suas flechas que nunca erram o alvo levam a morte e a doença. Também curam e purificam. É um deus oracular por excelência. O deus que, afirma Heródoto, conhece "o nome dos grãos e a dimensão do mar."*
[5] *Dionísio é o eterno feminino. As mulheres gregas eram suas melhores cúmplices. Simboliza a insuperável tensão entre a vida e a morte. Reza a lenda que Dionísio teria sido morto pelos titãs – esquartejado e devorado aos pedaços – no século VI a.C., o que explicaria a degeneração da sensibilidade humana.*

ção. É um jogo que persiste desde os tempos imemoriais e que confere caráter divino à Comunicação. Pode ser entendida, a metáfora da dança, como a arte de fazer diferente, de descobrir novos modelos de trabalho. De vislumbrar o universo da Comunicação com perspicácia e paciência.

Houve um tempo em que bastava o empresário ter uma informação privilegiada, uma idéia diferente, para enriquecer. Paul Getty, que foi um dos homens mais ricos do seu tempo, comprava poços abarrotados de petróleo por ninharias. Numa época em que quase ninguém entendia nada de geologia, ele contratava bons geólogos, mandava que analisassem terras à venda ou potencialmente à venda, e fechava negócios fabulosos. Cercou-se de analistas para entender o mercado de ações e comprar papéis por preço muito abaixo do que seria normal. Fez fortuna assim. Tirando partido da informação de qualidade. Aos 22 anos, em 1914, já tinha amealhado o seu primeiro milhão de dólares.

No Brasil, o Barão de Mauá, Irineu Evangelista de Souza, também foi sem dúvida um exemplo do mesmo fenômeno. Originalmente, construiu fortuna graças à sua habilidade com o câmbio. Falava inglês fluentemente, conhecia o mercado da Inglaterra, onipotente e onipresente no século 19. No jogo das moedas, chegou a desbancar o arquimilionário barão Leonel de Rothschild, que controlava as contas bancárias do Imperador dom Pedro II.

Aliás, os Rothschild não tinham rival se o tema era Comunicação para fazer dinheiro. Em 1815, a família financiou os exércitos europeus que derrotaram Napoleão em Waterloo, e ganhou montanhas de dinheiro na bolsa londrina. Motivo: montaram um sistema de pombos-correio, e ficaram sabendo em primeira mão do desfecho da batalha. A família Rothschild construiu uma rede supranacional de informações, que parecia saída de um filme de espionagem, com agentes, mensageiros, navios rápidos e observadores infiltrados por toda parte, sempre atentos à coleta de informações e de opiniões. Foi o que valeu o controle das bolsas européias, e ser considerada, em 1823, por Lord Byron, a "sexta potência européia". Alguns séculos antes, o florentino Lorenzo di Médici, que viveu entre 1449 e 1494, costumava pagar navegadores para que lhe enviassem notícias de outros mundos. Das Américas, do Oriente... Ele foi o marco da europeização do sistema bancário. Seus negócios financeiros atendiam aos reis da França e da Inglaterra, ao papa e aos sultões árabes.

Hoje, não basta apenas ter informação, boas idéias, descobrir nichos promissores de negócios. Há excesso de concorrência. Excesso de oferta. A visão do empreendedor, agora, precisa ser temperada pela capacidade de mostrar ao público as suas qualidades. A visão do político precisa despertar para os imperativos da democracia. O País, mais do que nunca, está dominado pela opinião pública. Este é o cerne de tudo, o verdadeiro desafio, a finalidade do todo o esforço de compreensão da realidade e da existência do brasileiro. A democracia é o grande enigma a desvendar. Os fatos não podem mais ser manipulados como bonecos mecânicos que se movem com a chave da esperteza. À esquerda e à direita acham-se sempre tentações de voltar ao passado flutuando em nervos imperceptíveis de crises destrutivas. A sensibilidade é o único abrigo para as tempestades. Sensibilidade e ética.

Ensinava Confúcio:

"Se ouço, esqueço.

Se vejo, às vezes esqueço.

Mas se faço, entendo".

É pelo fazer, visando a utilidade da ação, que se aprende a conviver com a liberdade. É pela ação construtiva que o cidadão, o empresário, o político, o comunicador, todos nós, descobrimos a essência, o *daimon*, no dizer dos gregos. Na "Tábua das esmeraldas", atribuída ao deus Hermes, pode-se ler: "Descobre o gênio imortal que te habita (*Daimon*), aquela energia apaixonada que te torna em algo e te impulsiona em direção à tua missão aqui na Terra".

A qualidade da Comunicação é que faz a diferença. Que torna visíveis os trunfos competitivos. Essa é a fonte do êxito. É uma prática antiga, mas que ganha nova modernidade, graças às novas demandas do presente. Isso explica porque é preciso vê-la com sensibilidade poética, porque é o poeta que sabe ver diferente, que quebra as rotinas, que rompe com a uniformidade de visões, a pasteurização dos conceitos, da forma de agir, de pensar, de reagir. Que promove a criação e a recriação, que atualiza a presença do divino na Terra. O poeta tem o dom feminino da ruptura, de ver na frente, de fazer germinar novos padrões estéticos. A arte poética, trágica, lírica, épica, ou mesmo cômica, não é filosofia, nem história. É uma narrativa que se distingue por ser individual e universal.

É uma espécie de medicina da alma, como escreveu Aristóteles. É, no fundo, o bálsamo que a todos cura, para tornar sonhos em realidade, legendas em história, pensamentos em poções mágicas. Uma forma suprema de Comunicação.

Olhar o divino

Voltando aos tempos antigos. Agora, se olharmos para trás vamos constatar que se fazia Comunicação com tanta devoção e até mais devoção do que nos dias atuais. Estou me referindo a muito antes dos tempos da ascensão do Cristianismo e dos seguidores do profeta Maomé brotarem na Terra, da Revolução Francesa, da Revolução Industrial, das escolas de marketing, das teorias de comunicação, dos meios de comunicação de massa, da Internet etc.

Refiro-me aos tempos homéricos, tempos em que Proteu, o deus múltiplo que tanto podia ser água e fogo, como árvore e um leão, protegia a civilização de Atlântida. Tempos de oráculos resplandecentes, de poetas que anotavam seus poemas na memória – ou em fragmentos de papiro ou cerâmica –, tempos em que os reis se desdobravam para buscar legitimação divina na busca de enlaçar o mundo. Tempos em que a divindade das coisas não havia sido dessacralizada, e em que a matéria-prima daqueles que comunicam, a palavra, como diria Baudelaire, não tinha se transformado numa espécie de refugo do mercado, quase mera peça de coleção de investidores avaros e preocupados exclusivamente com seus ganhos pessoais.

Tempos, por fim, em que a Comunicação não vivia em crise por falta de tempo das pessoas para ler, para conversar. Tempos em que a escrita era mais forte do que a imagem, e em que o humano e o divino faziam parte de um corpo só. Tempos da chamada Idade do Ouro. Que talvez não fosse tão de ouro assim, porque as liberdades individuais praticamente não existiam e os liames de toda a Comunicação eram o culto aos deuses e o culto ao Estado. Tempos em que oradores como Cícero e César eram procurados por homens de negócios, políticos e bajuladores para que seus nomes fossem citados em discursos que modelavam opiniões e reconfiguravam apoios e adesões.

Foi para tratar da porção mítico-divina que escrevi este último volume da trilogia em torno do tema da Comunicação, fruto da vontade de incentivar um debate que transborde do universo unitário do negócio – regido pela técnica e pelo material, valorado em ganhos pecuniários – para o universo da filosofia e da arte de comunicar. Contra a fragmentação dos dias atuais, o sonho de uma visão total da Comunicação, em que, tal como na música, Apolo e Dionísio caminhem juntos. Sejam os guias de uma experiência criativa e libertária, integradora como as notas de um bom jazz de Louis Armstrong, Duke Ellington, Benny Goodman, Charlie Parker ou a divina Sarah Vaughan. Porque Comunicação é também como música que convida para dançar. Porque a Comunicação é que dilui os preconceitos. Porque a Comunicação está fortemente condicionada à remoção dos obstáculos políticos e culturais que dificultam a felicidade. Porque Comunicação é a magia da felicidade...

Se nos volume anteriores – *De Cara com a Mídia* e *Comunicação Empresarial de A a Z* – procurei enfatizar as mudanças decorrentes da democracia e de renovada visão estratégica, agora as atenções se voltam, repito, para um retorno às raízes. De um lado, uma tentativa de explicar a divindade da Comunicação, naquilo que se relaciona com a sua utilidade, o que conduz, naturalmente, a uma compreensão do presente, pois não se trata de uma fotografia estática, perdida no labirinto do tempo, mas de um processo evolutivo. Por divino, entenda-se, também, o elemento conciliador entre o presente e o ausente, o poético e o angelical, o invisível, o oculto no âmago das épocas, o que é imortal, o sagrado, o absoluto, o infinito. É a dádiva inspiradora que o poeta recebia dos deuses no mundo primitivo. De outro lado, emerge o caráter mítico da profissão de comunicador, traçado a partir do

Conceitos que tenho defendido:
1. Comunicação é lucro que se realiza ou lucro que se deixa de realizar.
2. Comunicação é investimento.
3. O Comunicador é o advogado do Cliente junto à opinião pública.
4. Imprensa forte é sinônimo de Comunicação Empresarial forte.
5. Treinamento continuado é a chave para o êxito das estratégias de Comunicação na empresa moderna.
6. Ênfase ao diálogo, rejeição ao conflito. Ênfase aos fatos relevantes, rejeição à informação compulsiva, barroca e abundante, que desinforma.
7. Comunicação interna e Comunicação externa: faces de uma mesma moeda.
8. A reputação é mais forte e um diferencial competitivo mais vigoroso do que a imagem. O relacionamento com a mídia é construído sobre os alicerces da confiança e do respeito mútuo.
9. Construir a cultura de mídia é um desafio permanente das empresas.
10. Comunicação é uma arte divina.

mito de Hermes, Mercúrio para os romanos, que, apesar de toda a evolução tecnológica e conceitual dos tempos modernos, projeta-se como uma sombra nos dias atuais, a influenciar o caráter ambíguo e, em conseqüência, político da Comunicação.

Cada um desses itens corresponde a uma experiência prática e à evolução de uma visão filosófica. Sobretudo ao valor da verdade factual, da visão política e da compreensão da história. Sobretudo à ética nos relacionamentos e à estética de um trabalho que exige dedicação e planejamento, equipes multidisciplinares e o gosto radical pela democracia e pelo diálogo. São a mola que dá praticidade às ações de Comunicação e o oxigênio que alimenta a compreensão da sua utilidade. Mas, por trás de cada um deles, há o sentimento de que a Comunicação Empresarial é algo maior do que modelar a imagem de um produto ou a reputação de uma empresa. Que se projeta para além do resultado imediato. Fico sempre com a sensação de que a Comunicação é puro movimento da vontade transformadora, democrática, avessa aos véus míticos do discurso pelo discurso, da manipulação, dos imperativos do velho *establishment*, mas seduzida pela eterna e inspiradora procura do bem-estar, do progresso, da modernidade democrática. De uma sociedade que transcenda os interesses imediatos da transitoriedade do lucro, o espetáculo da notícia, as ambições hegemônicas desse ou daquele grupo, para um interesse maior, civilizatório e integrador da comunidade humana.

Uma crise numa empresa pode demorar a ser superada, mas o ânimo das pessoas que nela trabalham pode ser levantado imediatamente. Comunicação é indissociável do negócio, e ainda mais indissociável do moral dos funcionários, do orgulho corporativo, da cidadania empresarial. Essa é uma parte intangível da ourivesaria do comunicador, mas, ao mesmo tempo, um valor-crença imensurável.

Redescoberta da utopia
Homero, a exemplo de Nietzsche, é o poeta, o mensageiro divino, porque unifica a linguagem à arte. A memória, a beleza, a força criadora, a harmonia, o destino humano, o enigma do ser, são paradigmas da sua obra. Os laços que Homero forja entre o diálogo do mundo do Olimpo com o mundo dos mortais distinguem sua obra. São laços fortes, imorredouros, que desvendam as máscaras da linguagem. Toda a busca do divino é o exercício de um olhar que revele a natureza da vida. Que

adicione ao vocabulário da técnica uma palavra fundamental: sentimento. Ou humanidade. Ou que, nesses tempos de tanto apelo à racionalidade, às normas, às regras, faça pensar sobre o sentimento e a humanidade. Fazer brotar, dar brilho intenso, o que vem da luz.

Como o dançarino primitivo, o poeta homérico-nietzschiano, o comunicador é um deus-escultor, um artista da linguagem. Um criador que reinventa o cosmos no cotidiano. Que faz das formas e do conteúdo uma criação-recriação da vida. Ele é o personagem que leva a luz a onde há sombras e trevas. Que tudo renova com seu labor. Que faz das palavras e dos gestos a matéria-prima da partilha de idéias, informações, fatos; que sintetiza os opostos, que os coloca frente a frente para que conversem.

O mundo antigo não conheceu nada parecido à mídia ou ao poder da mídia. Como não conheceu nada parecido às democracias contemporâneas. Mas a preocupação com a informação, com a imagem, com tudo que significasse aproximação com a sociedade, foi um cuidado constante. Mensageiros a cavalo se alternavam pelas estradas empoeiradas e povoadas de perigos para levar mensagens. Livros eram compilados manualmente para difundir o conhecimento das castas privilegiadas. Textos dos *Vedas*, de dimensões maiores do que a *Bíblia Sagrada*, eram decorados pelos hindus para ser transmitidos de geração em geração. Podemos imaginar o esforço surrealista dos faraós para afirmar a origem divina. Pode-se concluir, com larga margem de certeza, que a lacuna entre o mundo antigo e o mundo moderno está mais na escala, na velocidade e na forma, do que no conteúdo. Pois ambos têm em comum o gosto pelo universalismo, pelo global, pelo multicultural. O gosto pela credibilidade, pela confiança.

É nesse contexto que o exemplo do mito de Hermes-Mercúrio se faz presente, aflora na forma de aproximação com o que o ser possui de mais durável – o eterno, o absoluto, a utilidade da Comunicação como fator de progresso e de diálogo. No Brasil dos dias atuais, não vivemos a idade do ouro da Comunicação. Há muitas crises simultâneas. Na mídia, nas empresas, no poder público. Há muita vulgaridade. Há muita falta de rumo. Há uma inflação de paradigmas ultrapassados. Há muita mistura de notícia com espetáculo, de notícia com marketing, de notícia com interesses publicitários.

Não é um fenômeno apenas brasileiro, vale registrar, é mundial. Vejamos alguns fatos, recentemente trazidos à tona pelo jornal *Le Monde Diplomatique*:

- França: *Libération*, antes maoísta, hoje com 37% do seu capital em mãos da família Rothschild; *Le Figaro*, *L'Express* e mais 70 títulos, dentre eles muitos jornais regionais, encontram-se em mãos do grupo Dassault, fabricante de armamentos; Grupo Hachette, que edita 47 revistas, a exemplo de *Elle* e *Première*, encontra-se em mãos do grupo Lagardère, também fabricante de armamentos. O *Le Monde* e o *Le Monde Diplomatique* têm sofrido com a queda na circulação, em torno de 12%, em 2004.

- Áustria, Bélgica, Alemanha e Japão: a venda de jornais tem recuado entre 10% e 2,2% ao ano.

- EUA: *Herald Tribune* e *Financial Times* sofrem as dores da queda de circulação, entre 4,2 % e 6,6%.

- Brasil: os jornais estão endividados. Falta pessoal nas redações. As edições, mesmo as dominicais, circulam com menos páginas. Há queda no número de anúncios, e os governos procuram restringir, naquilo que podem, o trabalho dos jornalistas.

Pergunta: a mídia de referência está condenada a ser uma atividade do passado?

Não, claro que não. O que conta não são os obstáculos, mas os fatos positivos em relevo. No primeiro semestre de 2005, por exemplo, li na revista *Management* a notícia de que a Alpargatas havia se tornado uma marca global no mercado de sandálias. Até aí, nada de novo. O que chamava a atenção era o fato de a Comunicação Empresarial ter contribuído para a conquista de tal posição, no mesmo patamar que a publicidade. No início do século 20, o jornalista e jurista Rui Barbosa escreveu: "A imprensa é a vista da nação. Por ela é que a nação acompanha o que lhe passa ao perto e ao longe, enxerga o que lhe malfazem, devassa o que lhe ocultam e tramam, colhe o que lhe sonegam, ou roubam, percebe onde lhe alvejam, ou enodoam, mede o que lhe cerceiam, ou destroem, vela pelo que lhe interessa, e se acautela do que ameaça."

A Comunicação, no sentido amplo, tem ido mais além. Seus profissionais vêm galgando rapidamente posições influentes. Tornam-se estrategistas, conselheiros, administram reputações, resolvem crises de relacionamento com a sociedade. Há uma relação direta entre a força da mídia e esse novo fenômeno. Tudo o que sai na mídia cria impacto, impõe reflexões, semeia mudanças. Mas a culpa da dificuldade de ver o lado positivo das coisas também cabe muito à mídia. Há uma forte compulsão pelo negativo. A tragédia prepondera sobre o acontecimento realizador. Como explicar isso? Talvez pela desconfiança que o Estado sempre inspirou. Talvez porque o cidadão sempre foi indefeso. Talvez porque o País tenha se transformado numa usina de más notícias.

São realidades. Mas é também uma forma de marketing, um estilo competitivo para chamar atenção. Tudo isso tem como denominador comum a crise brasileira das últimas quatro décadas, ou a crise que irrompeu com a morte de Getúlio. Mas o Brasil não é só crise. Pela primeira vez na história elegeu um candidato de um partido de esquerda à Presidência da República, sem o mais tênue sinal de crise institucional. Fernando Henrique Cardoso foi eleito por dois mandatos sucessivos, também pela primeira vez na história, e transferiu o cargo para o seu sucessor, Luiz Inácio Lula da Silva, de esquerda, em ambiente absolutamente tranqüilo. A imprensa desfruta de total liberdade de expressão e há um movimento inédito da cidadania construído a partir da sociedade, e não dos partidos. Acontecimentos como estes e muitos outros são vistos com mais acuidade pela imprensa internacional do que pela imprensa brasileira.

Sempre percebi que há um Brasil novo surgindo das entranhas de um velho Brasil autoritário e ultrapassado. Mas que esse novo País é muita vezes esquecido ou relegado aos espaços dos informes publicitários, sem muita credibilidade. É preciso descobri-lo. Criar uma sinergia positiva para demolir o velho Brasil. Chegou o momento de rever o velho conceito de que boa notícia não é notícia. É notícia, sim, e das que mais empolgam o leitor, o empresário, aqueles que decidem ou influenciam decisões. O que é bom, que fique bem claro, seduz.

Conclusão: estamos ensaiando um ciclo de renascimento. O país que viveu sonâmbulo, nos anos do ciclo militar, está despertando. Isso tem motivado a redescoberta do oceano das utopias e propõe intensa revisão do que hoje acontece nos arquipélagos das realizações. O grande desafio é sair dos arquipélagos já conquistados e abarcar a vastidão dos oceanos das utopias. Em outras palavras, construir uma cultura de Comunicação autenticamente orientada para a cidadania das empresas e dos cidadãos, dos governos e dos governados. Se assim é, por que, então, não nos perguntarmos de onde viemos, onde estamos e para onde vamos? Renovo, por fim, o convite: imagine que você está no túnel do tempo e que os séculos são contados em segundos...

Parte I

"O mito é um dizer, e dizer, por sua vez, é chamar e fazer brilhar."
Martin Heidegger

Hermes, um deus, duas naturezas

"O mito faz a realidade, assim como a realidade faz o mito." Os mitos, como assinala Joseph Campbell, "são um fator de estruturação da vida, e não somente algo que é apenas fantasia, algo mais profundo, uma fantasia significante". Essa é a idéia do mito de Hermes. Ele é masculino e feminino. A poesia da sua harpa é feminina. O labor de mensageiro é masculino.

Hermes, o comunicador do Olimpo, o deus que não se perde na noite, nem nos caminhos, é assim: toda a sua arte é fundada na dualidade, na força dos pontos de interseções, mas também nos contrastes, nas ambigüidades, nas contradições, no jogo de verdades[6] e versões que, muitas vezes, confundem mais do que esclarecem, encarnam mais a evidência de um mundo em ebulição e em constante mutação, do que um mundo de harmonia e calma.

Hermes é o deus que revela, esconde, dá os sinais. É como um médico que cura e causa a dor. É o filósofo que propõe as incógnitas. Como o poeta que vê o invisível. Como o líder que transforma idéias em prática. Como o sacerdote que tranqüiliza. Como Nestor, o conselheiro de

---

[6] *Verdade em grego,* alétheia, *é uma palavra associada à memória – não esquecer. Poetas, adivinhos, reis-da-justiça, as musas são personagens que fazem a Humanidade lembrar do passado, do futuro, da ordem do mundo. Pela palavra, escrita ou oral, o filósofo é aquele que procura a verdade. Esse é o seu compromisso primeiro e fundamental. No início, uma busca restrita a pequenos e fechados grupos. A seguir, comunicando-se com toda a* polis.

Agamenon, na *Ilíada*, que sabia falar com sabedoria e moderação, sem perder a firmeza. Ou, como o próprio Hermes, que procura o pai de Heitor, o rei Príamo, também na *Ilíada*, para ensiná-lo como convencer Aquiles a devolver o cadáver do seu filho, Heitor, que o maior dos heróis gregos entregara aos cães. Recomenda Hermes-conselheiro que, diante de Aquiles, Príamo invocasse-lhe "o pai e a mãe, lindos cabelos, e o filho; comove-lhe o ânimo". O velho Príamo seguiu as orientações de Hermes. Ajoelhou-se, beijou "as mãos assassinas" que liquidaram com a vida de Heitor em frente aos muros de Tróia. Aquiles cedeu. Conteve seus guerreiros para que Príamo pudesse realizar o funeral do filho. Garantiu a volta, em segurança, do velho rei a Tróia.

Há muitas lições de Comunicação nessa cena da *Ilíada*. Sem a intervenção de Hermes, a ousada incursão de Príamo ao acampamento de Aquiles teria fracassado. A Comunicação é a luz que elimina as trevas. Faz tudo florescer ou fenecer. Não subtrai dos fatos o que é a eles inerente, mas pode atenuá-los, substituir o brilho das aparências pela solidez da essência, como acontece no encontro entre Príamo e Aquiles. Quantos fracassos não acontecem no mundo moderno porque o comunicador é relegado a plano secundário?

Exemplos atuais não faltam. Mas vamos ilustrar com cenas da mitologia grega e da história antiga.

Na abertura da *Ilíada*, o sábio Nestor – note-se que os conselheiros eram os comunicadores daqueles tempos – recomenda que Agamenon não fique com uma escrava reivindicada por Aquiles. Agamenon não escuta. Em represália, Aquiles retira-se do combate contra os troianos. O preço do conflito entre os dois líderes é terrível. Os gregos morrem como moscas. Fogem. O círculo da unidade se desfaz. Por pouco os soldados de Tróia não derrotam os gregos.

Caminhando um pouco mais pelo terreno mítico. Cassandra, uma das filhas de Príamo, tinha o dom da profecia. Via além dos fatos. Foi um presente de Apolo. Por ironia, o deus se apaixonou pela beleza de Cassandra, mas foi por ela preterido. Como vingança, Apolo lançou uma maldição: ela continuaria vendo o futuro, mas ninguém nela acreditaria. Cassandra tentou à exaustão advertir os troianos quanto aos perigos do cavalo de madeira, que os gregos, orientados pelo ardiloso Ulisses, deixaram na praia como presente, depois de simular uma retirada das praias de Tróia. Foi execrada. Implorou para que o cavalo – que escondia no seu interior guerreiros gregos – fosse queimado. Foi ridicularizada. Na *Odisséia*, Homero descreve o desfecho: Tróia foi tomada pelos gregos e saqueada.

Os mitos do conselheiro Nestor e de Cassandra, aparentemente tão distantes, estão à nossa volta, reconstituindo as antigas histórias com novos personagens, novos enredos, novos contextos, mas quase sempre com o mesmo desfecho trágico. Ou vitorioso, como aconteceu com Otávio (30 a.c.), que soube dar ouvidos a seus conselheiros na guerra contra Marco Antônio e Cleópatra. Eles diziam: o mundo não pode ter dois senhores. Arraste a imagem de Marco Antônio à lama, como traidor do império. Apresente-se como o herói da civilização ocidental contra um novo despertar do Oriente. A idéia-mestra baseava-se no fato de que Marco Antônio, antigo braço direito de César, lutava contra Roma com exércitos formados por egípcios, e financiados por pequenos reis. Seu amor por Cleópatra escandalizava os romanos.

Chegou-se, assim, a uma campanha de difamação de fazer inveja a qualquer marqueteiro moderno. Antigos amigos de Marco Antônio eram perseguidos e difamados publicamente. O final é terrível para Marco Antônio e Cleópatra, que se suicidam. Marco Antônio, com a reputação destroçada porque fugiu em combate no mar, deixando, à mercê do inimigo, todo o seu exército em terra. Cleópatra, com a reputação sem máculas, porque preferiu o sacrifício da própria vida a ser exibida em Roma, por Otávio, como prisioneira.

A conclusão: a essência da Comunicação, nesses casos, continua a mesma – golpear o inimigo no seu ponto mais vulnerável, a reputação, e destruí-lo. O que mudou foram as técnicas, as plataformas de divulgação, a experiência acumulada.

O poder da mensagem

A circulação de informação é um fator de estabilidade social e de progresso. Consulte Harold Innis, *Empire and Communication*, um estudo épico das relações entre os impérios, desde o antigo Egito, e a Comunicação, e fica muito fácil concluir que todos eles foram modelados pela forma como se comunicaram. A cada evolução na Comunicação corresponde um modelo de desenvolvimento, e maior ou menor grau de conflito ou de entendimento, maior ou menor grau de inovação e de prosperidade. O papiro permitiu que as mensagens chegassem mais longe do que as trabalhadas em pedra ou argila; que temas como lei, administração e política fossem difundidos. Que as economias florescessem. Que o diálogo entre os povos se tornasse incessante. Assim como a escrita, ao perpetuar a memória, lançou e fez florir as sementes da sociedade em rede. O exemplo do Egito fala por si. É impossível pensar na Comunicação na antiga terra dos faraós sem o seu elemento essencial: os símbolos.

Como nove em cada 10 habitantes eram analfabetos, a escrita estava reservada para a aristocracia ou à casta dos burocratas, que produzia e lia os escritos sagrados. Havia, assim, uma vasta simetria entre o simbolismo das pinturas, dos ideogramas, dos palácios, dos tempos, da linguagem oficial, dos nomes das cidades, das múmias, das esculturas, dos nomes dos deuses, da medicina (inseparável da magia) e da arquitetura, inclusive das pirâmides, com os benefícios da política centralizadora do Estado. O escultor estava para a classe dirigente egípcia como o poeta e o ator de teatro para os gregos. A diferença é que a arte egípcia era revestida de mistério, transpirando divindade, mais próxima do hieróglifo do que da fotografia.

A linguagem dos símbolos era um ato tão unificador quanto o culto à terra e às conquistas militares. Movia-se entre egípcios e estrangeiros, com a mesma onipresença, para justificar o dispêndio de quantidades incalculáveis de ouro para homenagear os deuses, os elevadíssimos investimentos das pirâmides, símbolos da majestade e divindade, difundir o culto à morte e à eternidade, legitimando dinastia após dinastia de faraós.

O faraó, com seu devotamento alucinado aos deuses, podia suprimir quantas vidas desejasse. Houve faraós que levaram para a tumba entre mais de uma centena a 335 pessoas. Cultivavam uma espécie de louca ilusão de que após a morte na terra iriam viver pela eternidade em algum tipo de nirvana. A realização desse delírio, fruto de uma teocracia totalitária, exigia um controle sem precedentes da mente das massas. Eram o protótipo do Cristianismo pós-Lutero, com o barroco transformado em propaganda da vida eterna.

A essência da propaganda egípcia era que a civilização do Nilo ocupava o centro da Terra. No Egito, nascera a primeira civilização. No Egito, viviam os deuses supremos da Humanidade. O Egito abraçava a todos os estrangeiros, desde que estes abraçassem a sua cultura. O colapso do império coincide também com o esgotamento da linguagem simbólica. A maciça afluência de estrangeiros provocou graves impactos na conservadora arte egípcia. Novos conceitos de civilização, de religião e de monarquia ganharam espaço.

O tempo dos faraós e seus símbolos estava chegando ao ocaso. Esvaeciam-se diante do governo de muitos, como Heródoto e Aristóteles definiam a democracia. Hermes, que freqüentava assembléias na antiga Mesopotâmia, nos reinos hitita e fenício, envolve-se com a pioneira democracia direta de Atenas.

A democracia aumentou a necessidade da eficiência da Comunicação. Fustel de Coulanges (*A Cidade Antiga*) lembra que "os antigos não conheciam a liberdade individual". Afirma:

> *"No homem nada havia de independente. O seu corpo pertencia ao Estado, a cuja defesa se destinava; em Roma o serviço militar era obrigatório até os 46 anos; em Atenas e Esparta, por toda a vida. A sua fortuna estava sempre à disposição do Estado; se a cidade precisasse de dinheiro, podia exigir às mulheres que lhe entregasse as suas jóias, aos credores que desistissem dos seus créditos, aos proprietários de oliveiras que lhe cedessem gratuitamente o azeite que tinham fabricado".*

Relata ainda:

> *"... Esparta acabara de sofrer uma derrota em Leuctra e muitos dos seus cidadãos haviam perecido. Com a notícia, os pais dos mortos foram forçados a mostrar em público uma fisionomia alegre. A mãe que sabia que o filho escapara ao desastre, e que iria revê-lo, demonstrava aflição e chorava. A que sabia que não mais reveria o filho, testemunhava alegria e percorria os templos agradecendo aos deuses. Que poder tinha esse Estado, capaz de ordenar a inversão dos sentimentos naturais a ser obedecida!"*

Muito se critica e muito se enaltece a democracia na Idade Antiga. Um fato é incontestável: o cidadão em cidades como Atenas e Roma acompanhava vivamente a política. Exigia muito dos políticos. Fiscalizava. Não permanecia indiferente. Mesmo em Esparta, com todo o poder que detinha o Estado, havia oposição. E muita. Se não transbordava para o público, como em Atenas, era simplesmente porque os espartanos gostavam de mistério e eram muito zelosos dos seus assuntos internos. Por que Júlio César escreveu *Bellum Civile*? Porque ele queria trazer à memória da sociedade, como fez junto às suas tropas, as injustiças, invejas e tentativas de denegrir a sua honra, das quais se sentia vítima. Ele sabia que não poderia governar sem apoio das massas. Sabia que não podia governar sem apoio das elites. Sabia que a informação, àquela época, era uma arma tão poderosa quanto as espadas e lanças dos seus exércitos.

Depois que Alexandre, o Grande, morreu, circulou no mundo antigo a informação, contida nos seus diários, de que ele tinha sido assassinado porque ambicionava unir gregos e persas. Os historiadores admitem que a tese do envenenamento é tecnicamente possível. Mas foi, sem dúvida, um dos primeiros escândalos a circular, em meio às massas, de que se tem notícia. O diálogo com as massas valia muito, sim. Praticava-se uma espécie de democracia plebiscitária. Não havia muito espaço para o demagogo, que se manifestava mais no aspecto religioso, como profeta. Os erros dos governantes, líderes ou chefes militares eram severamente punidos. Eram comuns práticas bárbaras como crucificação e a morte por apedrejamento. Em Cartago, a mais suave das penas para os chefes militares que fracassavam em combate era a escolha de um veneno letal. Na Grécia, praticavam-se, com freqüência, as penas de exílio e ostracismo. Não era fácil governar. Tinha-se de ter um olho grudado nas massas e outro nos conspiradores palacianos. Como os governantes exigiam muitos sacrifícios do povo, o povo exigia muito dos governantes.

Conta M.I. Finley, na *História Antiga*: " ... O povo exigia resultados e, às vezes, não raro por longos períodos, mostrava-se satisfeito com eles. Do contrário, a liderança caía". Também, os riscos eram muitos. As guerras se sucediam e, com elas, as pilhagens, o extermínio em massa dos vencidos ou a venda, como escravos, à pirataria. Para se ter uma idéia dos sacrifícios, vale lembrar que mais da metade de todos os cidadãos romanos serviu regulamente ao exército por sete anos, no começo do século II a.C.

Os números são de M.I. Finley. Ele acrescenta estatísticas que considera "especialmente espantosas": nas guerras de meio século contra Aníbal e Filipe da Macedônia, 10%, ou mais, de todos os "homens adultos da Itália estavam em guerra, ano após ano". Sendo assim, era natural que os governados se rebelassem se os governantes não correspondiam.

Hermes, nesse contexto, em sua versão antiga ou moderna, é aquele que desperta a sociedade do sono da inércia. Ele transmuta-se no mito-profeta da liberdade. Leva o seu olhar arguto, tenaz, revelador, para os feitos dos homens comuns. Cresce a partir das raízes da democracia, da mistura de povos e raças, escreve e reescreve a história. Vamos encontrá-lo no senado romano, como nas barricadas da Revolução Francesa de 1789, bradando por igualdade, fraternidade e liberdade.

Vamos encontrá-lo ao lado dos pais fundadores da América, fixando os marcos da liberdade de expressão, direito inviolável da cidadania, como na fracassada Comuna de Paris, aplaudido pelo seu destemor-cidadão, por Marx e Engels. Vamos vê-lo rompendo com os grilhões da senzala no Brasil da Revolução Republicana, em 1889, derrubar o paredão da política oligárquica em 1930, como no Brasil após a ditadura militar de 1964, feita em pedaços com o retorno das eleições diretas, no nascer dos anos 1990. Como vamos ver o anti-Hermes, o Marquês de Pombal, nas suas mais de duas décadas de domínio, condenando Portugal ao atraso por expulsar os judeus, a quem acusou de responsáveis pela decadência do país ao longo de quase dois séculos, e por impor severa censura à circulação de idéias, excluindo o reino do progresso intelectual e técnico que envolvia a Europa do século 18.

Poucos lembram, ou sabem, mas o atraso que marca a vida brasileira na forma horrenda da exclusão, tem suas raízes na censura pombalina, na expulsão dos jesuítas, no hábito de atrasar pagamentos, no culto à burocracia e no que seus adeptos chamavam de *Verdadeiro Método de Estudar*, este marcado pela condenação à fogueira da Inquisição das obras de filósofos como Spinoza, Hobbes, Voltaire, Rousseau, Locke, "tudo enfim que na vida mental do século XVIII representasse o arrojo, o saber, o requinte e a graça" (*O Marquês de Pombal e a sua época*, João Lúcio de Azevedo).[7] Aí começou a rota paradoxal de um país que ama o progresso e ao mesmo tempo o rejeita.

É ele o Hermes-liberdade, que faz com que a democracia signifique igualdade do povo, perante a lei e o poder. Que confronta e vence a barbárie de que a única certeza é a servidão. Que constrói a certeza de que as leis não são dadas por ninguém, mas sim pela auto-instituição da sociedade.

Hermes é o espaço público, o paradigma eterno da exuberância do sagrado. É o elo que une o conjunto de forças que faz de uma sociedade não um modelo, nem um protótipo, mas uma série de criações particula-

---

[7] *Aos vendedores de livros proibidos eram impostas penas que iam do confisco de bens à prisão de seis meses e, nos casos de reincidência, ao degredo por dez anos em Angola.*

res e infinitas que se fundem, se adensam, se recriam... Que tem suas origens, frustrações e glórias nessa união de partes múltiplas e contraditórias, mas que é na convivência dos opostos que encontra e renova a sua força.

Filho de Zeus com a ninfa Maia, irmão de Apolo, Hermes é aquele que abre os caminhos, o explorador solitário, o deus da mídia e também dos viajantes, o herói civilizador. O deus daqueles que movimentam a máquina da Comunicação através dos tempos. Assim, é a divindade das mudanças, o deus das palavras, aquele que informa e seduz, que tranqüiliza e forma consciências. Que democratiza o saber e o conhecimento, que desperta os espíritos para a perspicácia-sagacidade-visão do mundo.

Hermes é a luz da razão. E o que suprime as distâncias, produz o milagre do diálogo. Ele, ao fluir, perdurar e coexistir com o tempo é, ao mesmo tempo, a lógica da matemática e a magia do artista. O método da dialética do diálogo, como lembra Michel Serres (*La communication*), inspira-se na mesma fonte que o método da matemática. E ele diz mais: que o grande milagre grego, aquele da matemática, nasce no mesmo tempo – tempo histórico, tempo lógico e tempo reflexivo – que a filosofia do diálogo.

Hermes é a arte combinatória dos contrários. Por isso, ele é também que tece as intrigas, que manipula e subverte a verdade dos fatos, que descreve histórias vazias, que confunde. Essa divina ambigüidade, ubiqüidade, ambivalência é que faz de Hermes uma divindade. Cabe aos comunicadores de carne e osso escolher qual das porções da personalidade de Hermes melhor lhes convêm. É o direito à autodeterminação. O sentido profundo do mito de Hermes é uma forma de verdade universal, um simbolismo que desperta para as diferentes camadas de ambigüidade-complexidade da Comunicação.

A porção positiva de Hermes é aquela da linguagem diplomática, da integração, do amor, do entendimento. É, justamente, aquela porção que eleva o comunicador ao divino. Porque a ética está em semear o bem, a liberdade, o entendimento. Na convergência, não no conflito oco. Comunicar é ser útil.

Hermes é o fazedor de conexões. O deus pássaro, com chapéu e sandálias alados. Amigo dos deuses. O deus da força total da transcendência, cujas serpentes entrelaçadas no seu bastão associam o mundo subterrâneo ao mundo da superfície. Hermes é o guia dos mortos ao território das sombras. É ele que dá vida à linguagem, que apara as arestas dos conflitos, que alerta para os perigos. Era ele o deus da fertilidade, não a fertilidade biológica, mas a fertilidade da mensagem espiritual de libertação e cura.

O papel dos símbolos, no dizer de Jung, é dar significado à vida. Os símbolos de transcendência, como Hermes, vão mais além: expressam a luta do homem para alcançar seus objetivos. "Fornecem os meios por meio dos quais os conteúdos do inconsciente podem penetrar no consciente, e são, também, eles próprios uma expressão ativa desses conteúdos", assinala Joseph Henderson (*O homem e seus símbolos,* editado por Jung). "Sua força reside na faculdade que lhe é atribuída de separar-se do corpo para voar pelo universo, sob a forma humana de um pássaro."

Hermes é esse pássaro. Ele é o concreto e o abstrato. O figurativo e o não-figurativo. O racional e o irracional. A emoção e o autocontrole. Nele está contido o espírito do artista, que procura ver, por trás da natureza aparente das coisas, que se dispõe a ver a real dimensão da história, que, com o olhar de artista, desvenda os conteúdos interiores da existência. Hermes é o dedo de Deus tocando o dedo de Adão, em Michelangelo. Ou a arte da retórica – oral ou escrita –, excepcionalmente valorizada na Antiga Grécia. O nascimento da tragédia e da antitragédia. O alquimista que tira tudo do nada. Hermes coloca a Humanidade diante da sua própria história. Com o rosto refletido no espelho das suas responsabilidades.

A porta por onde entra a divindade da Comunicação é a mesma por onde entram o conceito de opinião pública – com raízes no século 18; o conceito de jornalismo exercido com liberdade, irmão gêmeo da emergência das modernas democracias no século 19; da vigorosa internacionalização do comércio a partir do ciclo dos descobrimentos no século 16; e dos avanços da cidadania pós-Revolução Francesa. Esse culto ao conhecimento e ao saber, inspirado por Hermes, pode ser encontrado em Alexandre, o Grande, que, para onde fosse, levava a *Ilíada,* de Homero, encadernada em ouro, cuidadosamente acondicionada num porta-jóias. Tal era o seu amor aos livros que ergueu na cidade que levava o seu nome, Alexandria, uma imensa biblioteca, com meio milhão de manuscritos. Como pode ser encontrado nos correios imperiais da Europa medieval, com cavaleiros se revezando para percorrer até duas centenas de quilômetros por dia. Ou nos dias atuais, com a Internet e o cortejo de impactos da Comunicação em tempo real.

Aquele que é entronizado no mundo de Hermes logo vai despertar para o alcance das profundas transformações do mundo moderno, talvez sem paralelo desde a revolução leninista de 1917. Ou, certamente, desde a Comuna de Paris, em 1848. Hermes, a divindade dos caminhos, o deus evasivo, o mensageiro do Olimpo, circula por todas as fronteiras. É permeável a todas elas. Sua mensagem básica é que a Comunicação existe para construir. Pois a construção é a chave secreta e básica de todas as coisas. Os antigos gregos, inclusive os aristocratas, curvaram-se à democracia, porque acreditavam que a natureza humana era intrinsecamente boa. Por isso, o cidadão era parte essencial do Estado. O mundo era um cosmo regido por severa ordem de equilíbrio. A solidariedade e o respeito mútuo emergiam como um dever religioso. Um símbolo de humanismo.

Há quem pense o contrário do papel civilizador de Hermes, gente da estirpe dos ditadores, dos déspotas não esclarecidos e mesmo dos esclarecidos, os autocratas, os amantes do totalitarismo, as elites ossificadas que só conseguem pensar a estúpida nota só da violência, do controle. Lá-lá-lá. Repetições destrutivas, inúteis, cegas. Em todos os tempos, são caminhos da antifelicidade, caminhos que emanam a destruição e modelam as máscaras do não-argumento, da força bruta, de triste e desesperada frustração. Onde quer que viva, essa gente é absolutamente inútil, absolutamente infeliz. Porque esta é a realidade, na visão grega: só proporciona a felicidade o que é socialmente útil. A inutilidade é o erro e a maldição. A pobreza, o imediatismo fútil.

Na *Ilíada*, diz Homero referindo-se ao sol:... "Você que tem os olhos sobre tudo". Hermes é como o sol: tudo sabe, tudo vê... Na luz ou na obscuridade.

Hermes vive em constante movimento. Deste se nutrem o comércio, a circulação das palavras, os papéis que cada um desempenha na existência. A sua personalidade é marcada por uma ambigüidade primordial. Tanto pode ser um deus avaro, como generoso. Tanto pode ser um guia perfeito, como um Dostoievski, um Rilke, um Cervantes, um Byron, um Homero, um Constantino, o Grande, um Freud. Como pode ser um guia traiçoeiro, um Hitler, um Mussolini, um Stalin, um Herodes, um Nero...

Hermes, de gênio inquieto, que um dia foi expulso do Olimpo e reduzido à humilhante condição de guardador de rebanhos na Terra, é certamente também um ladrão. Roubou as flechas e os bois de Apolo[8]. O tridente de Poseidon. Como Mercúrio, o Hermes romano, roubou a espada de Marte. O cinto de Vênus. E matou Argos, que tinha 100 olhos, dos quais 50 ficavam em vigília enquanto ele dormia, para proteger os amores clandestinos de Júpiter. Hermes é instável, propenso a evasivas, influenciável, mentiroso, intelectualmente arrogante. Mas, na porção hegemônica da sua personalidade, é o engrandecimento da vida. É transformar o real, não preservá-lo em imagens ocas de significado.

Assim, Hermes pode ser Cidadão Kane – um filme inspirado na vida do polêmico magnata da imprensa William Randolph Hearst, feito pelo magnífico Orson Welles. Há quem diga que foi o melhor filme já feito em todos os tempos. No universo do jornalismo, é uma revelação. Até o início dos anos 1940, ninguém tinha se aventurado a mostrar como é um jornal por dentro, no que existe de controverso: a manipulação das notícias, o gosto pelos detalhes mórbidos, o sensacionalismo, os choques de interesses.

O choque entre Hearst e Welles alcançou a magnitude de uma autêntica batalha e o filme por pouco não foi destruído. O magnata queria comprá-lo para queimar todas as cópias e impedir que chegasse ao público.

Felizmente, Welles não se rendeu. Pelo contrário. E a América e o mundo ficaram sabendo quem era Hearst, cujos redatores eram chamados de "batalhão de demolição", e que fazia imprimir na primeira página do *Examiner*, o carro-chefe do seu império de jornais, rádios, revista e filmes – "O monarca dos diários". Monarca de uma América dentro da América, que Hearst comandava como um tirano. Se não gostava de alguém, simplesmente o bania dos seus jornais. Era arrojado. Mas criava

---

[8] *Para que ninguém seguisse as pegadas, Hermes fez os bois caminharem de costas. Depois de esconder o rebanho numa caverna, vendo que um pastor de nome Bato tudo tinha testemunhado, acercou-se dele e disse: "Meu amigo, se por acaso alguém vier pedir-te novas deste rebanho, dize que não o viste; como recompensa dou-te esta bela novilha." Bato aquiesceu. Hermes retirou-se, mas logo reapareceu na frente do pastor disfarçado de uma outra pessoa que indagou: "Bom homem, se viste passar aqui um rebanho, peço-te que me ajudes a procurá-lo; não favoreças com teu silêncio o roubo que sofri; dar-te-ei uma vaca e um touro." Bato, seduzido por receber nova recompensa, contou: "Penso que o teu rebanho deve estar nas cercanias desta montanha; sim, deve estar, se não me engano". Hermes riu e revelou o ardil:" Ah, tu me trais, não é verdade? Pérfido, enganas-me!" Como represália transformou o pastor na pedra de toque que serve para reconhecer o ouro de boa liga daquele que é falso. Os bois só seriam devolvidos a Apolo depois que Zeus interveio. A lenda serve para mostrar o quanto Hermes é astuto e inteligente.*

notícias. Alçava seus interesses a um plano superior ao da opinião pública e dos leitores. Welles comprou a briga. Destruiu-se, mas enfrentou Hearst.

Hoje, tudo isso soa como coisa do passado. Relíquia de museu. Pois o mundo de Hermes-imprensa está cada vez mais aos olhos da multidão. Simplesmente, o jornalismo virou notícia. Os jornalistas também. Aquela velha história de que jornalista não é notícia está se transformando numa velha história. Na nova história, jornalista e jornalismo são notícia, sim. A notícia é notícia. Veja o caso de Jayson Blair. Ele se tornou uma estrela do *New York Times*, o principal jornal do mundo, que se orgulha de publicar "todas as notícias próprias para imprimir". Fazia ficção. Inventava reportagens. Com isso, ameaçou a credibilidade do *NYT*, em sua história de 157 anos. O próprio *NYT*[9] admitiu: Blair, 27 anos, cometeu "fraude jornalística" em 36 das 73 reportagens que publicou na editoria nacional.

O escândalo foi manchete no mundo inteiro. Na França, os jornalistas Pierre Péan e Philippe Cohen divulgaram um livro-bomba, com graves acusações de manipulação contra o tradicionalíssimo *Le Monde*. *La face cachée du Monde – Du contre-pouvoir au abus de pouvoir* (A face oculta do Monde – Do contrapoder ao abuso do poder) esgotou a primeira edição já no primeiro dia de lançamento. São 637 páginas de acusações de confundir funções editoriais com interesses da empresa. A direção do *Monde* defendeu-se, atribuindo o livro aos sentimentos de "inveja" e "ódio" pelo jornal, e processou os autores.

Em todo o noticiário da campanha eleitoral que reelegeu o presidente Bush, a imprensa foi alvo de freqüente noticiário. Noticiário crítico, principalmente por se deixar influenciar pela cultura de unidades de negócios – em especial nos casos das grandes redes de televisão –, por falhas de clareza, pelo fascínio pelo entretenimento e pelas celebridades, em detrimento do interesse público; pela concentração de poder em mãos de poucos grupos; por fazer da cobertura política bisonhos *reality shows*. Assim, Hermes é William Randolph Hearst-Orson Welles. A dualidade.

Hermes é sempre o porta-voz, o mediador, o que seduz pela capacidade de convencimento, apesar da duplicidade. Um sábio, que, como está escrito nos *Vedas*, o livro sagrado indiano, nunca deixa de repetir: "A verdade é uma, os sábios falam dela com muitos nomes". No *Gênesis*,

---

[9] Edição de 11 de maio, 2003, domingo.

os dois primeiros passos do Homem foram as conquistas da linguagem e da sociedade. Na Atlântida, continente "maior do que a Ásia e a Líbia juntas", incrustado no meio do Atlântico, além do estreito de Gibraltar, nos tempos antigos chamado de Colunas de Hércules, descrito por Platão em seus *Diálogos – Timeu e Crítias*, foi assim: Posseidon, o deus dos mares, só o destruiu com a fúria das águas depois que a sociedade, idealizada como o Paraíso na Terra, perdeu a capacidade de se comunicar e se manter coesa, feliz, corroída que estava pelo egoísmo, a discórdia, e o amor cego ao poder e ao ouro. Atlântida nos remete a mitos essenciais: ao paraíso perdido, à primeira humanidade, ao amor ao próximo, ao respeito total à natureza, à nostalgia do divino, ao primeiro dilúvio, certamente inspirador da versão bíblica do dilúvio... A tragédia de Atlântida é o conto trágico de Hermes. Construção do encanto das convicções, do mundo afável das idéias de progresso, desconstrução da epopéia do medo, do jugo da violência, das guerras.

Voltando a Homero, com a *Ilíada* simbolizando a opressão de Esparta[10], o gosto pelo autoritarismo, a estupidez da violência, o medo subjugando a existência, enquanto a *Odisséia* significava exatamente o oposto. A liberdade, a viagem em torno do "eu", a evolução da Humanidade, o perfeito antídoto contra os venenos das tentações totalitárias. Uma espécie de duelo eterno entre ressentidos e entusiasmados, entre a frustração da inércia e a vontade de fazer.

Algo que, se capricharmos no tempero ideológico, iremos fazer fermentar antagonismo entre conservadores e reformistas, conservadores e revolucionários. Uma geografia política que se confunde com acomodação e renovação, sendo a acomodação a pátria dos neo-ressentidos, sábios ou ignorantes, ricos ou pobres, à direita, à esquerda ou ao centro, governantes ou não. Sim, a acomodação é um mal que atiça e perpetua anacronismos, funciona como o avarento de Shakespeare (*O Mercador de Veneza*), que retinha o dinheiro porque o seu objetivo não era financiar o progresso, mas sim guardar o dinheiro como um colecionador.

Nos dias atuais, o mesmo duelo do passado ressurge, mas de forma diferente. O entusiasmo e a motivação são extremamente valorizados

---

[10] *Não existem vestígios de Esparta, nem a mais parca ruína. A cidade que tentou criar um novo homem, com apenas deveres perante o Estado e sem quase direitos, nem voz, desapareceu, salvo nos registros históricos. Atenas, que libertou o homem e cultivou a democracia, trilhou o caminho contrário: permanece viva e exuberante.*

pelas empresas, pela Comunicação e por todos aqueles que buscam a construção de algo. Mas chama atenção que, a exemplo do passado, essas pessoas ainda sejam chamadas de loucas ou delirantes, exatamente como dizia um certo Joseph Glanville, autor de um tratado de nome *A vaidade e a dogmatização,* para quem "o entusiasmo é produto da imaginação aquecida por um cérebro melancólico".

Pode ser. Não é o que importa. A verdade é que o entusiasmo é um autêntico flagelo para aqueles que não querem mudar. Os corporativistas. Os ressentidos. Os que criticam, lamentam, reclamam. Porém, nada fazem. No caso do Brasil, o confronto entre o fazer e a inércia ficou claro nos anos Juscelino Kubitschek, quando se deu um salto de 50 anos em cinco. Foi uma epopéia que trouxe à tona o País dos ressentidos, até então oculto, e que foi desaguar no regime militar que tomou o poder em 1964. O culto à inércia, à obsessão de combater os entusiasmados não acabou com a democratização. Permanece latente, ou bastante visível, na morosidade das reformas macroestruturais, ou no cotidiano de quem deseja mudar as coisas.

Na Comunicação, o entusiasmo, a motivação, é a chave do êxito. De tal modo que o comunicador genuíno – seja um jornalista ou um consultor, um empresário, um político ou alguém que esteja se iniciando – busca fazer sempre a diferença. Criar algo que marque, mesmo que num universo restrito. É nessa capacidade de iniciativa, nessa vontade de criar, nesse desafio cotidiano que é liderar e inspirar novos líderes, que o comunicador se aproxima e resgata aquele dom com que os deuses presentearam os homens (no sentido filosófico) na aurora dos tempos. Historicamente, o trabalho motivado foi o grande construtor do progresso, o riso, o arquiteto da felicidade.

Os protestantes acreditavam que quanto mais trabalhassem e produzissem mais próximos estariam do Paraíso. Produzir riqueza era uma forma de se comunicar com Deus. Os renascentistas que liberaram o riso, antes condenado por *saisir l'âme* (seqüestrar a alma), deram novo sentido à vida, trouxeram o Paraíso à Terra. Foram saudáveis subversões. Subversões que cada um de nós poderia levar à prática no cotidiano, semeando o entusiasmo. Pois estes são os verdadeiros motores das revoluções. Uma revolução que ganha espaço com a consolidação da democracia, e que pode ser muito ampliada graças à divindade da motivação.

Tentar entender Hermes na sua complexidade é como ousar agarrar a fumaça. Tudo nele reflete a ausência da lógica absoluta. Mas foi graças a ele, Hermes, que o homem cumpriu o percurso que separa a aldeia da civilização. O comunicador moderno é herdeiro direto desse magnífico talento de Hermes para a ambigüidade e para a construção. Mas a leitura de Hermes nunca é estática. Como a leitura da história e dos mitos, exige permanente recriação. Nunca existe a palavra definitiva. Qual o segredo?

O segredo é simples: não existe segredo nenhum e existem todos os segredos. Nietzsche disse que Dionísio é o deus da tragédia porque ele é o criador da arte da transgressão, da embriaguez dos sentidos, do não-limite. E Hermes? Hermes é como Aladim. Não nos conduz apenas às riquezas e maravilhas do mundo. Conduz-nos também à tragédia do mundo. Às dores da existência. O seu mundo está inundado por riscos, perigos e desafios. Mas é igualmente um mundo criativo, produtivo, promissor. Como o mundo de Apolo, o mito criador do Estado.

★★★

Deuses e homens

"De que é feito o mundo?"
Tales, século VI a.C.

Em Homero, na *Ilíada* ou na *Odisséia*, sempre que os deuses desejavam comunicar algo importante aos homens, enviavam Hermes. Os homens eram livres perante os deuses, mas predominavam no relacionamento a admiração, o encantamento, a surpresa. No começo dos tempos, os bárbaros governavam o mundo: centauros, titãs, as amazonas, símbolos da força bruta, da barbárie. Foram combatidos pelos deuses do Olimpo e vencidos. A vitória assinalou a construção de um universo organizado e representativo, livre de toda forma de grosseria.

A Comunicação dissipou os sinais de fumaça da barbárie. Modelou, etapa por etapa, a emergência da civilização. E eis que o diálogo se transformou no seu arquiteto-mor. Tudo indica que o semeador dessa prática maior, fonte da aproximação de verdade e de culturas, chamava-se Heródoto. Se Homero e Hesíodo deram aos gregos os seus deuses, dando forma a todo um modo de pensar, de agir, à fé no divino e à determinação de se tornar livre, forte, corajoso e útil, Heródoto lançou as pontes para o diálogo entre culturas antagônicas e hostis.

Com seu olhar perspicaz e altivo, sem preconceitos e profundo, foi o primeiro a registrar, ao visitar o Egito no século V a.C., que os deuses não eram monopólio de um povo ou de uma nação, mas um patrimônio da humanidade. Quem seria Bupástis senão Ártemis? Hórus senão Apolo? Osíris senão Dionísio? Tot, representado de uma forma alada do princípio transcendente, senão Hermes?

Os gregos pensavam diferente dos hebreus, cristãos e muçulmanos, estes devotados ao culto de um único e verdadeiro deus. Cosmopolitas, não viam razões para que os deuses não assumissem outras formam e outros nomes em diferentes nações. Essa diversidade de códigos fazia parte da ordem natural do mundo. Tinham perfeita noção de que o diálogo, não o monólogo excludente, é que ampliava horizontes. Heródoto-Hermes foi o pai da cultura européia, que tem suas raízes nas culturas grega e egípcia, e esta, por sua vez, é parte da África, cujas artérias e coração pulsam na antiga Etiópia e no antigo Sudão.

A civilização[11] não nasce com a impressão da Bíblia por Gutenberg. Nasce com a História condensada nos escritos de Heródoto. Nasce com a pluralidade do divino por Hesíodo. A memória, a liberdade, o diálogo. Heródoto é a memória. Hesíodo, a liberdade. Gutenberg é o diálogo. E Homero? O equilíbrio das verdades. Na *Ilíada*, gregos e troianos se igualam nas suas grandezas, nas suas dores, nas suas perplexidades diante da vida e da morte. Ambos os povos são belos e divinos. Ambos têm as suas fraquezas. Ambos têm as suas diferenças, mas não significam hierarquização de valores. Superioridade de um povo sobre o outro. Aquiles, o homem primitivo, é tão grandioso quanto Heitor, o homem moderno. A obra de Homero é Comunicação em estado puro: ocupar espaços com equilíbrio e igualdade.

A imparcialidade, diz Hannah Arendt, surge no mundo com Homero. É um momento fundador, porque iguala todos os homens. Desde então, a necessidade de conhecer ambos os lados da verdade se impõe. Ou como

---

[11] *No princípio, a palavra civilização estava relacionada à urbanização. Nas cidades, era onde as riquezas produzidas pela agricultura tornavam possíveis os avanços característicos da vida civilizada.*

registrou, também, Heródoto: "É na verdade dos fatos que gregos e bárbaros se igualam". A diferença de valores aparece com os ciclopes: eles não são bárbaros, não são humanos, são seres monstruosos. Aquele que pratica a violência, como os ciclopes, perde a sua humanidade. Afasta-se dos deuses. Torna-se um monstro de face humana. A diferença entre homens, deuses e monstros se dá pela capacidade de entendimento. Homens e deuses, a despeito das suas mentiras, guerras, erros, vaidades, confusões, enganos, oposições, discórdias..., eles se entendem.

Homero é também a identidade. No seu atribulado retorno a Ítaca, Ulisses naufraga no reino dos fenícios, um povo hospitaleiro que vivia na idade do ouro, nas bordas do mundo. Ouve um cego cantar o momento da tomada de Tróia e falar do famoso cavalo, em que os gregos se esconderam, no bojo, para surpreender os troianos à noite e vencer a cidade. Seu nome é falado na terceira pessoa, como se ele estivesse morto. O herói chora. Sente-se miserável. Mas se consola com a seguinte constatação: ele fora glorioso ontem, continua sendo glorioso hoje. É um momento dramático que permite a Ulisses responder à questão que o rei dos fenícios propõe: "Qual é o seu nome?".

Homero é, também, a memória. Ulisses, na *Odisséia*, não esquece jamais a sua adorada Ítaca. Ele é o herói-fundador do retorno. Na Bíblia, não há um retorno. Para os hebreus, voltar ao Egito era impossível. Lá era a escravidão. Canaã era a terra prometida. Na *Odisséia*, não. Ulisses navega para voltar a casa. Para se reconciliar com a memória. "Nós somos feitos da memória", diz Jorge Luis Borges, autor que faz abundantes referências a Homero na sua obra. Todos os cantos homéricos, ele recorda, se referem à imortalidade. E o que é a imortalidade senão a memória?

Homero é também o repórter. Na *Odisséia* e na *Ilíada*, são abundantes as informações sobre o modo de vida dos povos, a arte da guerra, os conhecimentos náuticos, as disputas de poder, a geografia do mundo antigo, as mulheres, os deuses, a verdade e a mentira... A ninfa Calipso, por exemplo, oferece a Ulisses a imortalidade, mas ele recusa. Não por amor a Penélope, sua mulher, mas porque sabia que Calipso estava mentindo. A imortalidade significava eterna juventude. E esta, nem Zeus, o deus maior, poderia oferecer a um mortal.

Por isso, Ulisses é um modelo para comunicadores. Ele era o homem da reflexão. A coragem era para os gregos a primeira qualidade de um herói. Mas eles faziam a distinção entre a coragem e a ousadia. Aquiles era ousado. Era destemido, mas não chegava a ser corajoso, porque lhe faltava o dom do planejamento, do cálculo, da paciência para esperar o momento certo para a ação. Debruçar-se sobre o personagem de Ulisses é entrar em contato com o racional, a negação do improviso, a sedução dos limites e da ruptura calculada com os próprios limites. Há, na obra de Homero, muita aventura, muitas guerras, muitos mortos, muito prazer e dor de viver. São os aspectos visíveis com facilidade. O que é preciso ver é o lado invisível do que Homero escreveu. Diante de toda situação nova, a primeira reação de Ulisses não é o uso da força, como Aquiles.

Não, Ulisses analisa, avalia, traça cenários, define estratégias. Refletir, eis a divisa de Ulisses. Ele tem consciência de si, da sua força, da sua inteligência, mas tem também consciência da sua fragilidade. Essa capacidade de se auto-analisar é que faz de Ulisses, protegido de Athena, a deusa da razão, superior. Isto é que faz dele um ser sofisticado, que une a força à beleza, que faz dele um homem hábil, de múltiplas *expertises*, mas que o impede de se julgar superior aos deuses. O comunicador precisa ler Homero como obra de arte. Como uma lição atemporal de Comunicação, válida para qualquer desafio, em qualquer situação, em qualquer época.

Não existe outra Antigüidade que não seja homérica. O mundo da Eneida, de Virgílio, é homérico. O mundo de Cartago, de Flaubert, é homérico. Sem Homero, não existiria Antigüidade, mas apenas a barbárie. A infância da Humanidade encontra-se, por inteiro, na *Ilíada* e na *Odisséia*. A infância da Comunicação, também. Em ambas, Hermes fala a linguagem do diálogo, como se fosse o desenhista dos traços de um Picasso, Modigliani, Rafael ou um cineasta que desse vida aos movimentos, como um Fellini, um Orson Welles, um Kubrick. Em ambos os livros, Hermes reinventa o mundo para lhe emprestar nobreza e sentido. Há, no Hermes homérico, a personalidade de um jornalista-comunicador criativo e visionário. Ingres pintou, em 1827, *A apoteose de Homero*. É um quadro síntese do diálogo entre o presente e o passado, o moderno e o clássico. Coincide com o surgimento de um novo Homero.

O jornalismo que coincide com o momento em que as nascentes democracias da Europa e dos Estados Unidos colocam os primeiros tijolos do moderno edifício do poder e influência da mídia. O jornalismo que irá desaguar no século 20. Em episódios como *Watergate*, no início da década de 1970, quando dois audazes repórteres do *Washington Post* deflagraram uma série de denúncias que resultariam no *impeachment* do presidente Nixon. Ou, antes, quando a imprensa francesa, com Émile Zola à frente, derrubou, no final do século 19, as acusações contra Dreyfus, um oficial acusado injustamente de fazer espionagem para a Alemanha, fato que fez ruir a tutela do exército sobre a sociedade, exercida com mão de ferro desde a revolução de 1789.

Ou o jornalismo crítico e implacável que, há pouco mais de um século, deu voz ao cidadão nos Estados Unidos, país que Henry James descreveu, à época, como "um gigantesco paraíso de aves de rapina, invadido por todas as variedades de plantas venenosas que engendram a paixão pelo dinheiro". Ou dos escritos de Edward R. Murrow, que abateu o senador McCarthy, o pai da caça às bruxas nos Estados Unidos do pós II Grande Guerra, com um documentário que expunha a sua verdadeira face. Ou seja, longe de ser um defensor da democracia americana, McCarthy não passava de um personagem autodestrutivo, que transformou o anticomunismo numa plataforma de poder pessoal.

Foi a idade de ouro dos novos Homeros, aqueles primeiros anos do século 20. A época em que foi cunhado o termo *muckrakers* – jornalistas de combate. Upton Sinclair escrevia sobre as infectas condições de trabalho dos abatedouros de Chicago. Jack London descrevia a dramática vida da gente pobre e sem futuro. John Steinbeck se ocupava das míseras condições de vida dos imigrantes. Os pobres deixaram de ser invisíveis graças à imprensa. O que distingue os comunicadores da linhagem homérica é o humanismo. Eles não se perdem no lado sombrio da Comunicação. Como Ulisses, encontram o caminho de volta a Ítaca. Como Ulisses, também recriam o mundo a partir do retorno a Ítaca e partem novamente para o oceano da criatividade[12]. Homero é o nascimento do conhecimento. Juntas, a *Ilíada* e a *Odisséia* são como uma enciclopédia de valores que nunca foram ultrapassados. Uma ponte entre um mundo clássico, que ficou para trás, e um mundo moderno, ainda caótico, mas que se impõe de maneira inexorável.

Homero é o entendimento que liberta e une as opiniões, independente-

---

[12] *Ler a* Odisséia, *de Nikos Kazantzákis, uma obra original que tem seu ponto de partida onde termina a obra de Homero. Conta como Ulysses, depois de retornar a Ítaca, parte novamente para conquistar o mundo. Na definição do escritor Jacques Lacarrière, um olhar amoroso "é um canto do presente que se amplia, atingindo as dimensões do planeta".*

mente das diferenças. É o humano. Diferente dos monstros, que não dialogam. Os ciclopes, por exemplo. Que têm ouvidos e olhos, mas não vêem, nem ouvem. Não fazem parte da comunidade humana, porque não têm leis, não deliberam em assembléias, não fazem parte de uma coletividade. O marqueteiro, o político, o executivo que subvertem os fatos, que não hesitam em praticar injustiças e ignoram a ética, tornam-se monstruosos, porque sua atividade não visa à sociedade como tal, mas ao interesse meramente egoístico.

O interesse egoístico e o ciclope de Homero são da mesma raça dos filhos bastardos dos deuses. Não têm identidade, não têm memória, não fazem parte de uma cultura. Não têm raízes para onde retornar. Hermes-entendimento é, portanto, como o sol que está por toda parte e tudo sabe, tudo vê, nada deixa escapar, nada deixa se esconder. Porque é a alma, é o coração, é a vitória da luminosidade sobre as sombras, o que é obscuro. O entendimento-diálogo, o eterno Hermes, não morre nunca. Se alguém acredita que ele está morto, ele renasce. É como Homero, imortal. Pois Hermes é a trama da própria cultura, do processo civilizatório.

★★★

A imagem é a mensagem?

> *"Quem é ele: é ele ou aquilo que ele pensa que é?"*
> **Immanuel Kant, Crítica da razão pura**

Mitologia e Comunicação caminham lado a lado. Desde o início, é assim, como mostra Silvana Gontijo, em *O livro de ouro da Comunicação*:

> *"O mito, como forma de Comunicação humana, está relacionado com questões de linguagem, e também com a vida social do homem. Ele permeia toda a esfera do pensamento e da criação artística e, no caso específico da mitologia grega, segue influenciando até os dias de hoje. Para nomear fenômenos do comportamento humano, Sigmund Freud, no fim do século 19, se baseou na mitologia grega. Ele lançou um outro olhar sobre a interpretação dos mitos e sobre as explicações de sua origem e função. Freud considerava a mitologia grega como parte dos textos fundadores que estruturam o nosso inconsciente, nos deixando em conflito entre nossos desejos profundos e o ego social".*

O imperador Constantino I, que adotou o cristianismo como religião oficial de Roma e reinou por 31 anos, foi enterrado num caixão de ouro maciço, num túmulo em que mandou esculpir, nos últimos anos de vida, as imagens dos 12 apóstolos, seis de cada lado. Miticamente, transmitia a mensagem de ser igual aos apóstolos, a sabedoria em pessoa, o representante de Deus na terra. Pouco antes de morrer, passou a usar o título de *Isapostolos* – igual aos apóstolos. Foi ele quem disseminou a mística, através de nova versão da Bíblia, de que a mulher era um demônio, um mal, uma ameaça, para o homem, portanto devia ser relegada à mera função de procriar e cuidar dos filhos, submissa ao homem; quem perseguiu e trabalhou pelo extermínio das religiões pagãs; quem substitui a lógica primeira do cristianismo, que é a mensagem de igualdade, justiça e paz, pela lógica da perseguição aos chamados hereges ou infiéis, pela lógica da superioridade de uma religião sobre a outra.

Os pais-fundadores da Igreja Católica são tributários dessa visão grandiloqüente e dominadora de Constantino, quanto à Comunicação. A criação do mundo durou seis dias, o Dilúvio, 40 e Noé ficou 600 anos na sua arca. A aurora do conceito de imagem é tão antiga quanto todos esse mitos. Como o Papa João Paulo II, ele foi um homem de marketing, um sedutor das massas. Como o Papa Bento 16, foi um doutrinador sectário, preocupado em colocar a Comunicação a serviço de uma visão unitária do mundo religioso voltada para o controle do poder, não para a fé. Ele confundiu a Igreja com o Estado. Ele foi o apóstolo de um paraíso imaginário, apagando de Cristo o seu caráter humano e revolucionário, como era comum entre os heróis da Antigüidade. Fazendo Dele uma divindade absoluta, propagando uma ilusão que só agora a modernidade começa a demolir com provas factuais de que as verdades bíblicas não são verdades comprovadas, mas sim verdades ditadas por quem deseja acreditar nelas como a igreja medieval acreditava que o sol girava em torno da Terra e não ao contrário, como viria mais tarde a ser comprovado pela ciência.

No início, nos tempos em que os sábios diziam que a verdadeira vida estava na imagem fictícia, não no corpo real, em que os corpos dos reis ficavam expostos ao público por 40 dias ou mais, em que o culto aos ancestrais exigia que eles sobrevivessem pelas imagens, a idéia de imortalidade abria-se na imaginação humana. O mistério da morte abriu caminhos para o mistério da arte. Da pintura anônima, ritual ou não-ritual, do antigo Egito, aos retratos dos santos cristãos, as imagens teceram infinitos sistemas de correspondência simbólica, de ordem cósmica e de ordem social, que antecederam a escrita. Foi o cristianismo que legitimou, popularizou e midiatizou a imagem.

A glorificação de Deus e dos santos pavimentou a rota. Porque se percebeu que a imagem era mais viril e forte do que a escrita. A imagem imprime nova vida à escrita. Sedimenta crenças. Retira o que possa existir de patético, ridículo ou infantil de ensinamentos doutrinários como o Inferno, o Paraíso, a Ressurreição. A imagem inspira, emociona. Régis Debray lembra, em *Vie et mort de l'image,* que gregos e romanos não davam grande importância ao fato dos seus mitos serem verdadeiros ou não, porque todos estavam incorporados ao dia-a-dia, ao ar que se respirava, à cultura. Mas, com a irrupção do cristianismo, quando a questão da crença passou a ser constitutiva, não mais especulativa, a propaganda tornou-se indispensável. A pregação passou a preceder a doutrina. Exatamente, o contrário dos tempos passados. O meio é a mensagem.

Era a idéia que movia a religião católica. A palavra de ordem, mais do que adorar a Deus, é difundir o culto a Deus. Por toda a Terra, até os confins do mundo. Pelo padre, pelo penitente, pelo missionário, pelo crente. Porta a porta, boca a boca, imagem por imagem. A era do visual vai coincidir com a ascensão do capitalismo, no século 15, em Veneza, Florença, Amsterdã. Intensifica-se, no início do século passado, com a preponderância do capital financeiro – moeda contra moeda, em lugar de moeda contra mercadoria. A passagem da moeda lastreada em ouro para a moeda-sistema, moeda contábil, moeda-representação. Como liturgia, o mito imagem mudou de forma e conteúdo. Tornou-se a marca planetária da Comunicação, antes limitada, agora envolvendo o planeta inteiro. Ama-se a Comunicação como os antigos cristãos amavam a Deus. A Comunicação adquiriu uma sagrada missão unificadora, pilar da globalização. Uma herança nobre da chamada modernidade. E qual a essência? Dúbia. Paradoxal.

A imagem serve à democracia e à antidemocracia. Todos contemplam, todos criticam, todos partilham das imagens. A imagem é a síntese e a antítese. É também onipresente. É um fetiche. Verdade. Mentira. Contém a linguagem acessível a todos, em todas as culturas. Mas seria o que é visível o real? A este propósito, são esclarecedoras as palavras de Debray. Ele escreveu uma obra colossal. Detalhada. Minuciosa.

Ele parte do princípio de que, depois da invenção da escrita, tudo o que é verdadeiro encontra-se efetivamente ausente. As atenções estão concentradas sobre o visível. Assim foi no passado, nas culturas egípcia, grega, bizantina, medieval. Assim é hoje, nas culturas budistas, hinduísta, cristã, muçulmana. Para muitos, Deus não teria corpo nem rosto, apenas a palavra. Mas é verdadeiro afirmar que tudo que não é visual não existe. Nações, leis, classes, progresso, Estado. Curiosamente, parece não existir lugar na vida social para aquilo que não possa ser materializado. A conclusão de Debray é prática. O desafio é ver o invisível. O juiz, a respeito do que é real ou irreal, é a opinião pública. Para Descartes, a única certeza, é a dúvida. "Penso, logo existo". Mas quem sou eu?

★★★

O alquimista do progresso

"O mais longe está intimamente mais próximo de nós que o mais perto. O mais longe no passado, o homem arcaico, é também o homem fundamental; o mais longe no futuro, a antecipação, nos leva, à sua maneira, ao homem fundamental. O longínquo comunica-se com o profundo".
Edgar Morin

Hermes, mais do que qualquer outro deus mitológico, move-se em torno do saber, da cultura e da velocidade. Mercúrio, planeta cuja temperatura alcança 400 graus durante o dia, devido à proximidade do Sol, e cai para menos 180 graus centígrados à noite, em razão da ausência de atmosfera, foi escolhido pelos romanos para simbolizar o mensageiro dos deuses, porque se move com rapidez sem paralelo.

Dizia-se que Hermes Trismegistus, isto é, três vezes grande, adorado pelos gregos que viviam no Egito, era o inspirador dos alquimistas. A ambição dos alquimistas, registre-se, não era transformar metais em ouro, como reza a versão vulgar ou superficial. "O objetivo mais culto e mais profundo dos primeiros mestres da alquimia não era químico – era teológico, filosófico e psicológico", ensina Margaret Starbird, autora de *Maria Madalena e o Santo Graal*. "Seus escritos revelam a preocupação com a transformação mística de uma pessoa "natural" em um ser especialmente iluminado. A pessoa natural era chamada de "chumbo", e o ser espiritualmente transformado, de "ouro".

Ela prossegue: "Assim como o ouro é testado no fogo, o espírito humano era purificado nas provas da vida. Os guias para a transformação espiritual eram as escrituras e certas iniciações esotéricas que forneciam o conhecimento..." Na verdade, tratava-se de um processo de democratização do saber. Lembre-se: não existia para o Estado nenhum segredo mais bem guardado do que o refino do ouro. Como nada era mais secreto do que as fórmulas de elaboração das ligas para fabrico de armas, armaduras, jóias e peças de decoração.

Hermes, deus da polaridade, era o deus dos alquimistas iluminados. Seus seguidores eram chamados de herméticos por ser também o deus que promove as transformações, que estabelece os vínculos entre o presente e a memória, entre a matéria e sua essência. Nos tempos medievais os herméticos foram muito perseguidos pelo interesse que dedicavam à medicina, a astrologia (que permitia o conhecimento das grandes leis do universo) e a psicologia, rotuladas pelos reacionários da Igreja como ciências ocultas. Bruxaria. O combate à propagação do conhecimento coincide com o fortalecimento da Inquisição, braço forte do Vaticano, no ano de 1250. Em 1244, nove anos depois da instituição formal da Inquisição, os catáros, que pregavam a vida simples e a igualdade de homens e mulheres, foram dizimados pelos exércitos do papa na região de Provence na França. Seus escritos foram destruídos na tentativa de riscar da história as idéias que propagavam.

Divindade da sabedoria, atribuía-se a ele a autoria do *Corpus hermeticum*, uma coletânea de textos escritos em grego que circulou em Alexandria na era cristã, e que foi levado para Florença, por um monge, em 1640. No livro, transmitia ensinamentos sobre temas divinos, astrológicos, de cura das doenças do corpo e do espírito, idéias filosóficas e os mistérios do hermetismo, um mosaico de idéias que revela a maneira de pensar dos tempos antigos. A função do *Corpus hermeticum* era ampliar a visão do homem quanto à obscuridade, e assim poder distinguir a grandeza das sombras.

Hermes-Mercúrio influenciou todo o ciclo do Renascimento. Mercúrio, o metal, era usado empiricamente no tratamento da sífilis, doença devastadora que emerge na era do mercantilismo – a Aids da época – como subproduto do comércio sexual. "O mercúrio era um elemento importante", constata Moacyr Scliar, em *Saturno nos trópicos*. "Segundo os alquimistas, tornava fixo o que era volátil, unia a fêmea instável ao macho constante." A metamorfose de Hermes em Mercúrio marca uma importante linha de continuidade. Os gregos viam em Hermes o símbolo da fertilidade e seus emblemas eram o falo e duas serpentes enroladas num bastão, o caduceu. Mercúrio-Hermes foi associado à Medicina, aos progressos da ciência. Era o antídoto contra o alto preço do amor cobrado pelas doenças sexuais. Dizia-se: uma noite com Vênus, deusa do amor, uma vida com Mercúrio, nome do metal e deus mitológico que garantia a cura.

★★★

Nuanças e sutilezas

"O sábio evita antecipadamente as dificuldades e, assim, nunca as terá".

Lao Tsé

Todo o percurso da Comunicação é pontuado por um trabalho de reflexão, descobertas, busca de referências. O fundamental é antecipar-se na previsão dos desafios. Como tentavam fazer os antigos gregos e romanos ao procurar os oráculos. A previsão dos desafios é o remédio contra o caos, o desespero, as pressões da incerteza. Prever desafios exige uma espécie de reverência, talvez a mesma que inspirava os gregos do período arcaico quando trilhavam os caminhos das montanhas de Delfos, emolduradas pelo azul esverdeado do golfo do Corinto, para consultar o mais famoso oráculo do mundo antigo – o oráculo de Delfos. "Conhece-te a ti mesmo", estava escrito na entrada do vestíbulo. Conheça seus desafios de Comunicação, poderia estar escrito num oráculo contemporâneo que se propusesse a advertir sobre os caminhos inescrutáveis dos humores da opinião pública.

Certa vez, na disputa pela prefeitura de São Paulo, Geraldo Alckmin, então vice-governador, foi surpreendido pela pergunta de uma criança: "em quem o senhor votaria se não fosse candidato?" Em outra ocasião, ao proferir uma aula magna no mestrado de liderança da Universidade de Santo Amaro, o mesmo Geraldo Alckmin,[13] já governador, foi novamente surpreendido. No momento dos debates, um jornalista disparou: "como afirmar uma liderança construtiva numa época em que a tendência dominante é manipular os fatos na busca do poder pelo poder?"

---

[13] *O ano foi 2004.*

As sutilezas e nuanças da Comunicação lembram, para fazer uma comparação literária, os escritos de Edgar Allan Poe, espelho de uma inteligência perfeccionista, de clássica estética, refratária a vulgaridades. Poe escreveu: "Toda certeza está nos sonhos". Um comunicador de veia poética poderia parafraseá-lo, afirmando: "Toda a certeza está no poder da imaginação criadora". Para Poe, estava para além da fantasia e da sensibilidade, como anotou Baudelaire, por se tratar de uma faculdade "quase divina", capaz de abarcar os segredos das coisas, suas correspondências e analogias. Muitas situações podem ser previstas, analisadas e realizadas, mas é um pequeno detalhe surpresa que desequilibra, que faz o planejamento entrar em recesso, que revolve o nicho das relações com o inconsciente, que testa para valer quem é na essência aquele que está dando uma entrevista, o porta-voz.

A camada da criatividade e do autodomínio, da coragem e da coerência, do conhecimento profundo e da capacidade de absorver as críticas, sobrepõe-se a esta, a camada da surpresa, do imprevisto, e, ao mesmo tempo em que a supera, contribui para completá-la. Se no domínio literário a imaginação pode alcançar os mais transcendentes resultados, na Comunicação ela é o tesouro, dos mais ricos, de quem conhece e tem meios para aperfeiçoar o ofício, sem o recurso repetitivo dos manuais, e sem se deixar levar pelo pânico-desespero, inimigo mortal dos que não têm imaginação. É essa inspiração que impede o Hermes-porta-voz, o Hermes-entrevistado, o Hermes-fonte, de ficar à deriva como um barco sem leme e sem ventos generosos para ajudá-lo. À deriva, nesse caso, é uma metáfora do despreparo, da falta de imaginação ou de um espírito mercurial, incapaz de enfrentar as complicações e de tornar fáceis os seus detalhes mais complexos.

Há, no Brasil, uma cultura do medo da Comunicação. É quase impossível conversar com um empresário, um político, um executivo, uma autoridade pública sem ouvir uma queixa contra a imprensa. É como se a vida ficasse incompleta sem uma lamentação, sem um dardo envenenado que procurasse atingir a Comunicação. Ou como se a imprensa fosse culpada pelos males nacionais, como a violência, a queda de competitividade internacional, os milhões de miseráveis sem meios para garantir gastos básicos como alimentação, moradia e educação, a imensa multidão de obesos ou as abissais carências da educação e a ameaçadora exclusão digital. Ou como se a imprensa fosse uma sociedade de hábeis ficcionistas, a produzir manchetes que pertencem a um outro país, que, por alguma razão insondável, passa-se a chamar de Brasil.

No cotidiano, o mensageiro Hermes assume diferentes papéis. O de fazer o mal, por exemplo. Mas o conceito do mal é relativo. O que é o mal para quem é alvo de uma denúncia de corrupção, não é o mal para a sociedade que é alertada e pode agir corretivamente. O mal, numa definição breve, é tudo aquilo que priva o ser dos seus direitos, que vai de encontro ao sentido de Justiça. Mas o mal é também a mentira, a coerção, a violência física, o medo... "O bem – este é princípio incontestável – nada mais é que o mal não consumado", escreveu Wilheim Busch. Sócrates disse a mesma coisa, com outras palavras. Idêntica é a visão de Moisés. Na antiga Grécia, o homem bom, o homem moralmente irrepreensível, era aquele capaz de ser útil e, melhor ainda, aquele cuja utilidade fosse reconhecida pela sociedade. Homero ensinou, com seu culto aos heróis míticos, que, para ser bom, é preciso evoluir até se tornar aquilo que se é. Em outras palavras, fazer evoluir a sua natureza até alcançar a perfeição.

Ulisses se considerava um nobre porque agia segundo os ritos da sua casta. Realizava os ideais do grupo a que pertencia, e tal era o seu empenho, que se destacava dos seus pares. Procurava a glória, a felicidade, o aperfeiçoamento pessoal, mas o seu objetivo principal, mesmo quando se revela arrogante com os deuses ao final da guerra de Tróia, era ser útil. Por trás de suas ações, há sempre um pensamento prático: qual é o fim?

No âmbito da Comunicação, é essencial atentar para máximas como: "A honestidade é a melhor astúcia", "a mentira tem pernas curtas", "o mentiroso conhecido nem mesmo quando diz a verdade é ouvido". Qual é a finalidade do mal? Nenhuma. O mal é ruinoso. É como a cobiça, a avareza, a traição. O mal é o atavismo. O bem, não. O bem faz a prosperidade, o bem é vantajoso.

Se o ideal republicano não se concretizou no Brasil, em muito se deve à violência como política de Estado. No começo, lá pelo início do século 20, operários de esquerda e anarquistas, tidos como agitadores, eram deportados para a região do Oiapoque, na fronteira com a Guiana, abandonados ao próprio destino, às margens do antigo território do Acre. Uma prática criminosa. Depois vieram a tortura no Estado Novo e no pós-64, as prisões sem processo, o espancamento dos presos comuns nas cadeias, os *justiçamentos* dos esquadrões da morte... A exclusão começou pelas classes torturáveis – a expressão é de Graham Greene –

desaguou em abissais desequilíbrios sociais, mas o seu verdadeiro caráter nasce da ausência de diálogo, ou do diálogo pela metade. O Estado se comunica mal não porque não saiba se comunicar. É porque se deixou envolver pela face deprimida de Hermes. Conta Joaquim Nabuco[14]:

> *Nem os bispos, nem os vigários, nem os confessores, estranharam o mercado de entes humanos...O trabalho todo dos escravagistas consistiu sempre em identificar o Brasil com a escravidão. Quem a ataca é logo suspeito de conivência com o estrangeiro, de inimigo das instituições do seu próprio país... Entre as forças cuja aparição ela (a escravidão) impediu está a opinião pública, a consciência de um destino nacional. Não há, com a escravidão, essa força poderosa chamada opinião pública, ao mesmo tempo alavanca e o ponto de apoio das individualidades que representam o que há de mais adiantado no país. A escravidão, como é incompatível com a imigração espontânea, também não consente o influxo de idéias novas. Incapaz de invenção, ela é, igualmente, refratária ao progresso. Não é essa opinião que sustentou os negreiros contra os Andradas, isto é, da soma dos interesses coligados que se trata, porque essa é uma força bruta e inconsciente como a do número por si só. Duzentos piratas valem tanto quanto um pirata, e não ficarão valendo mais se o cercarem da população toda que eles enriquecem e da que eles devastam. A opinião pública de que falo é propriamente a consciência nacional, esclarecida, moralmente honesta e patriótica; essa é impossível com a escravidão, e desde que apareça esta trata de destruí-la. É por não haver entre nós essa força de transformação social que a política é a triste e degradante luta por ordenados, que nós presenciamos (...) Foi a isso que a escravidão, como causa infalível da corrupção social, pelo seu terrível contágio, reduziu a nossa política.*

Nas suas memórias, Samuel Wainer conta como Carlos Lacerda tentou destruí-lo, destruir a democracia e, no final, terminou tragado pelo monstro – o regime militar – a que ele próprio deu vida.

O estopim da trama foi a denúncia de que Wainer não nascera no Brasil, mas numa aldeia chamada Edenitz, na Bessarábia, "um pedaço da Transilvânia, a terra do Drácula". O objetivo final era calar a *Última Hora*, jornal que Wainer fundou com apoio de Getúlio Vargas. A denúncia ocorreu em 12 de julho de 1953, e partiu do *Diário de São Paulo*, de Assis Chateaubriand, que obtivera uma suposta prova, um documento

---

[14] O Abolicionismo.

datado de 1927, extraído do Colégio Dom Pedro II, onde Wainer estudara, com uma declaração do irmão do jornalista, Artur, dizendo que ele nascera na Bessarábia.

O escândalo se prolongou até a posse de Juscelino Kubitschek. Por pouco suas chamas não reduziram às cinzas a *Última Hora*. Wainer foi condenado a um ano de prisão, mas acabou sendo absolvido em segunda instância. No pós-64, Lacerda, general civil do golpe militar, terminou os seus dias no ostracismo. Cassado, viu escapar o sonho longamente acalentado de chegar à Presidência da República. Quantos casos semelhantes não se repetem diariamente no País, com diferentes molduras, diferentes máscaras? A Comunicação é como a natureza: uma espécie de dicionário que precisa ser bem entendido, em cada gesto, em cada palavra, em cada atitude para que possa evitar repetições destrutivas e recriar o caminho da construção.

Exemplos destrutivos da prática do mal, e de sua repetição, entre comunicadores, podem ser encontrados na elaboração de dossiês falsos, na divulgação de notícias de conteúdo ético duvidoso ou sem qualquer conteúdo ético, no exercício da mentira, nas inconfidências planejadas para destruir a honra de inimigos ou adversários. E na ingenuidade do conceito de que apenas a notícia ruim é notícia. Que a notícia boa não serve para nada. Os comunicadores – que exerçam o jornalismo ou outras atividades de Comunicação – não podem se deixar levar pelo vício da banalidade da crítica pela crítica, do olhar apenas crítico sem vislumbrar todas as partes dos fatos.

Os grandes pintores como Delacroix tinham essa faculdade de ver todas as partes da obra de arte e, assim, fazê-la única, superior. A Comunicação é como uma pintura: com múltiplos tons, inspiradora da consciência, mas também de sonhos e reflexões. Utopias. Há uma armadilha a que esse tipo de comunicador negativista, escravo do pessimismo, dificilmente escapa. Ele assume responsabilidades que deveriam ser assumidas por outros. Quando manipula uma informação, ou a transmite em *off* – notícia em que a fonte é resguardada –, está assinando a sentença de morte da sua credibilidade.

Nas eleições presidenciais de 1990, Fernando Collor desferiu um golpe baixo contra o seu adversário, o metalúrgico Luiz Inácio Lula da Silva, ao trazer a público o fato de ele ter uma filha fora do casamento. Pode-se condená-lo, e foi uma atitude condenável, mas não se pode acusar

Collor de ter se escudado na sua equipe de comunicadores para dizer o que ambicionava. Foi transparente. Deu o tiro e assumiu a autoria. Geralmente, acontece o contrário. Quem quer atirar contrata um profissional e fica na sombra, como se fosse um campeão de virtudes. Quem perde é o comunicador que se propõe a essa modalidade de trabalho sujo. É o caráter do mensageiro que determina a sua credibilidade.

Desde a infância o grego era motivado a pensar na sua utilidade para a sociedade e na sua honra. Assim é que semeava o respeito ao seu nome, ao seu trabalho, aos seus talentos e atitudes. A honra era mais valiosa do que a vida. Como a honra, a credibilidade para o comunicador é uma flor muito frágil, tão frágil como uma lágrima. Uma vez perdida, a carreira profissional está destroçada. Pode-se ganhar dinheiro, pode-se exercer o poder, mas, para a comunidade, o valor do indivíduo que faz o mal está irremediavelmente perdido. Credibilidade e ética são faces de uma mesma moeda. No dizer de Sócrates, o prêmio maior da vida virtuosa é a felicidade duradoura. Por virtude, entenda-se a ausência de mácula, e como "mácula", entenda-se a ausência de sensações amargas, de remorso e de arrependimento por ações praticadas. Isto porque o mal é um tipo de jogo em que o praticante sempre perde. Pode até sentir a ilusão de vitória, mas esta é provisória.

> *"Mal a criança começa a falar e já aprende que não é correto dizer uma coisa e depois dizer o contrário, ou então, dizer uma coisa e depois fazer outra. A vida em comunidade só é possível se as pessoas puderem confiar umas nas outras. Criou-se, assim, com o juramento, um nobre e sagrado meio para dar validade às asserções. Quando, no tempo da lira arcaica, formam-se comunidades baseadas em opiniões comuns, como os partidos, as seitas e outras associações, a mentira, o engano, a ficção tornaram-se culpas particularmente graves. Para o filósofo, em seguida, o preceito de não mentir tornou-se obrigação, visto que o pensamento exige coerência, sendo mesmo um trabalho o esforço para liberar-se das contradições. Sócrates e Platão exigem a sinceridade, mas não só do filósofo que aspira ao conhecimento através do pensamento, e sim de todo o homem moral, na medida em que fundam eles a ação sobre o conhecimento; e a mesma coerência exigiam na ação, para que uma ação não viesse desmentir a outra."(Bruno Snell)[15]*

---

[15] A cultura grega e as origens do pensamento europeu.

O Hermes-Comunicador-artista é um profissional de espírito. Uma personalidade de espírito. Ele não perde o seu tempo falando mal das pessoas. Critica as coisas. Ele tem dramas de consciência, quer ser justo, quer não errar, mas erra. Refaz os caminhos. É um austero ortodoxo na veneração da ética. A esse profissional comunicador artista, Hermes procura servir fielmente, dedicadamente, com a sua gloriosa face sorridente. A inspiração da forma e da coerência do conteúdo.

Parte II

"O maior problema da Comunicação é a ilusão de que ela foi consumada."
Bernard Shaw

As diferentes faces da Comunicação

Mensagem de Hermes e Prometeu,[16] ante a insistência deste em roubar o fogo sagrado do Olimpo para levá-lo aos homens:

"Continuar a falar será dizer muita coisa em vão. Tu em nada te deixas persuadir, nem vergas ao peso das minhas súplicas. Mordendo o freio, como um potro há pouco atrelado, recalcitras e sacodes as rédeas. Mas a tua ira confia numa fraca manha. A própria pertinácia, sozinha, de nada vale sem a sensatez. Mas considera – já que as minhas palavras não te convencem – o que vai ser a tormenta inevitável e a tripla vaga de males que vai ruir sobre ti. Primeiro o meu pai, com o trovão e a chama do raio, despedaçará este áspero rochedo que cobrirá o teu corpo e ficarás envolto em pedras. E longo, longo tempo passará antes que possas regressar à luz. Mas o cão alado de Zeus, a águia ensangüentada, rasgará, voraz, e em farrapos despedaçará seu corpo – qual conviva que aparece sem convite e fica todo o dia – e devorará o seu fígado negro e já roído. Não aguardes o fim desta tua pena, antes que um dos deuses queira substituir-te nos sofrimentos e descer ao sombrio Hades, nas profundezas tenebrosas do Tártaro. Portanto, delibera que isto não é um artifício de jactância, mas sim palavras muito bem ditas. A boca de Zeus não sabe mentir e leva a cabo tudo que diz. Atenta bem, pois, medita e não julgues que alguma vez a arrogância possa ser mais forte que a prudência."

---

[16] Prometeu Agrilhoado, *de Ésquilo.*

Se olharmos a mensagem de Hermes em todos os seus detalhes, ela é como o céu visto no microscópio. Tudo é muito claro, muito sólido e também muito profundo. A informação está em cada frase, em cada palavra e por toda parte. É o centro da realidade permeando as responsabilidades de Prometeu perante a divindade maior, perante a qual é impossível mentir ou fugir aos castigos por atos impensados. Ou considerados traiçoeiros. Cada vez que Hermes fala, respira conteúdo, essa é a essência, a finalidade de comunicar. É o compromisso divino do comunicador.

A Comunicação é como a trama de um tecido, em que cada fio tem o seu lugar, unindo-se até formar um todo interdependente. A primeira função da Comunicação, por paradoxal que possa parecer, não é o relacionamento com a mídia, mas apontar o rumo para o qual, cedo ou tarde, as ações irão convergir. Antes de comunicar, é preciso ter o que comunicar e dispor de uma estratégia de ação. É a dinâmica do mundo atual que impõe tal realidade.

Comunicação é a união do divino com o humano. É participação, entusiasmo, motivação, criatividade. É fazer a diferença.

Comunicação é a memória que dá vida à verdade, e ordem ao Caos. E a memória remonta ao princípio dos tempos, com as infatigáveis musas, de bocas suaves, glorificadoras do canto, que trabalhavam sem parar, o dia inteiro, mas à noite iam dançar para celebrar Zeus. É graças às musas que se compreende o que é o presente, o que é o tempo que ficou para trás, os ciclos primordiais, e se captam as mutações, o porvir. Na Antigüidade, o comunicador era o poeta que, inspirado pelas musas, despertava a sensibilidade do mundo, pregava a harmonia e a beleza, emanava brilho, fecundava a terra com a palavra. Renovava a vida, ao evocar o sagrado. Pois a palavra é o elemento fundador do universo. Era o poeta aquele que tudo vê. Que tudo escuta. Que tudo sente. A luz das trevas. O condutor da linguagem dos deuses. O mensageiro entre o céu e a terra. Sem o poeta, a vida é oca. Desprovida de fulgor.

A Comunicação é como os olhos, as orelhas, a boca... A Comunicação entre eles, os órgãos do corpo humano, lembra um grupo de artesãos integrados entre si na busca de um objetivo comum, cada um levando à prática um trabalho de excelência que traduz uma especialidade própria.

O que é Comunicação
- É a força da equipe que constrói o êxito.
- É construir a lealdade corporativa.
- É fazer do funcionário-colaborador um autêntico embaixador da empresa junto à comunidade e ao mercado.
- É não improvisar, como no jazz, e perseguir a harmonia da música clássica.
- É ter estratégia, planejamento, investimento.
- É criar um ambiente saudável de cooperação e entendimento.
- É simplicidade, consistência, repetição: cultura do aprendizado constante e da integração.
- É respeitar a lei e a ética.
- É lucro social, lucro financeiro, lucro no sentido amplo e positivo.
- É uma cultura de verificação, mais do que uma cultura de alegação e afirmação.
- É uma idéia, é uma decisão política. Todo o resto – mensagens, posicionamento, interlocutores... – vem depois.
- É olhar pelo pára-brisa e pelo retrovisor simultaneamente. Pelo pára-brisa para perceber o que vem pela frente. Pelo retrovisor para não esquecer o que vai sendo deixado para trás.
- É enfrentar a aritmética dos fatos.
- É construir uma agenda pública, no sentido amplo, com informações confiáveis com tudo que o cidadão precisa ou quer saber.
- É prever e antecipar crises.
- É a ética do compromisso com a verdade factual.
- É uma metáfora moderna do êxito.
- É produzir idéias e ações com finalidade pública. É uma arte combinatória: entendimento, intuição, dedução, percepção, visão.

O percurso da Comunicação empresarial está ligado à teoria e prática do ideal de cidadania e de modernização. Não uma modernização limitada, elitista, grudada como uma ostra aos índices de produção e de consumo, mas aos elementos fundadores do bem-estar, da felicidade, da solidariedade, do progresso cultural.

Quantas dimensões têm o ser? Quantas dimensões têm um fato? O final da *Odisséia* é perfeito para revelar as contradições. Segundo Homero, Penélope era um modelo de fidelidade, de esposa perfeita. Diz Homero que ela tecia um tapete durante o dia e desfazia o trabalho à noite para ludibriar os pretendentes que ocupavam sua casa, consumiam seus bens, ameaçavam matar seu filho. Pergunta: a aparência corresponde à realidade? Não seria o tapete feito e desfeito o retrato construído e reconstruído dos homens que passaram pela vida da mulher do Odisseu durante os anos de sua longa espera? A *Odisséia* é circular, percorre o caminho do ciclo do saber traduzindo aparência e essência, razão e conflito, ilusão e os fatos. A Comunicação é o dogmatismo cartesiano e o antidogmatismo. Ulisses é dublê de Teseu no embate com o Minotauro, a vitória da inteligência contra o destino, materializada no fio de Ariadne que simboliza a saída do labirinto. Mas Ulisses-Teseu é a instabilidade do acerto, o erro refletido no espelho da existência. Ulisses é aquele que pensa, que reflete, que decifra o mundo, mas não detém a única verdade.

Por isso, a *Odisséia* pode ser definida como uma forma, e apenas uma forma, de descrever o mundo por meio de uma filosofia de Comunicação. A Comunicação pressupõe uma infinitude de gêneses. A gênese prática, a gênese sensorial, a gênese conceitual ou estética, a gênese da informação... a gênese do saber estabelecido, a gênese do saber inovador. A gênese de realidades hipotéticas? Gênese é aquilo que brota, que vem à luz. É o relâmpago de brilho intenso; ensina Michel Serres: o real não é racional. A racionalidade do real é uma impossibilidade.

A desordem, o caos, é a ordem natural das coisas. Não se trata de uma dicotomia, de pólos opostos. Trata-se de uma relação de vizinhança. Uma ilha no oceano mostra apenas um pedaço da sua face. A outra parte, imensa, permanece incógnita. Os acontecimentos não são feitos dessa mesma argamassa. A porção visível é sempre menor do que a porção invisível. Ver o invisível é ver a porção sagrada da história, dos diálogos, das línguas, das mensagens. A exatidão é um mito.

Somente o conhecimento, dizia Heráclito, é capaz de unificar os opostos. Mas as deusas míticas da Verdade e da Justiça estão sempre atentas para fixar os limites do conhecimento. Heráclito foi um precursor porque se opôs ao culto dos falsos mitos: os sacrifícios feitos com sangue, o culto aos ídolos e aos cadáveres... Para ele, apenas o fogo do conhecimento era purificador. A Comunicação é uma divindade mascarada. Vive cercada de revelações e incógnitas, de patologias e iluminações. A Comunicação é feita de símbolos e de seus arquétipos. Suprimir a dialética, é suprimir o próprio processo de Comunicação.

Comunicação é memória. Anota Fustel de Coulanges, referindo-se à cidade antiga: "Na urbe nada existia de mais caro do que a lembrança da sua fundação. Quando Pausânias visitou a Grécia, no segundo século da nossa era, todas as urbes puderam lhe dizer o nome do respectivo fundador, com a sua genealogia e os principais feitos da sua existência. Esses nomes e feitos não podiam ser esquecidos, pois faziam parte da religião, e eram rememorados todos os anos nas cerimônias sagradas". Talvez, assinala Coulanges, "não houvesse uma única urbe que não tivesse o seu poema, ou, pelo menos, o seu hino celebrando o ato sagrado que lhe deu origem".

> • Comunicar é partilhar, como diz o verbo *communicare*, do latim.
> • Comunicação é o direito de dizer não.
> • Comunicação é o ouro da divindade interior.
> • Comunicar é transformar a banalidade do cotidiano em ouro.

Em 1920, Walter Lesam escreveria: "Tanto a razão pública quanto a privada dependem da importância de se ter um relato preciso e confiável dos eventos. Não é o que se diga, nem o que se deseja, mas o que é, independentemente de nossa opinião, que constitui a pedra de toque da sanidade".

Sagrado (des) equilíbrio

É uma crença universal que a raça dos deuses é feita da parte mais pura da natureza. Isto explica porque o símbolo dos deuses é a cabeça, não o corpo inteiro, como acontece com os homens, que são modelados com dupla natureza – a divina, que é a mais pura, e a humana.

A Comunicação é feita da mesma essência dos deuses. Não comporta excessos. Redundâncias. Gorduras. Exige equilíbrio. Exige prioridade para os fatos relevantes. A banalização das mensagens é deplorável, porque cria um divórcio inadmissível entre o que se ambiciona informar e o que desinforma. No começo, nos tempos muito antigos, a Comunicação, refiro-me à escrita dos livros, ficava sob a responsabilidade dos sacerdotes. Eram eles, acreditava-se, que detinham o poder de falar com os ancestrais, de falar com os deuses, que atendiam ao grande desejo dos homens, aquele de ter os deuses em sua companhia, protegendo-os. Nesses tempos, o rei era também o sacerdote-mor, um personagem venerado como um deus, um ser sagrado. Depois vieram os poetas, os escritores e, bem mais tarde, nos idos da Revolução Francesa, os jornalistas se popularizaram.

Hoje, vive-se uma época em que os deuses parecem querer se vingar por terem sido tão esquecidos. Eles, que se constituíram na pedra angular de qualquer sociedade antiga, cultuados nos lares e nos santuários públicos, nos palácios e nos campos de guerra, de repente, foram relegados a plano mais do que secundário. Quem é Hermes? Costumo ouvir a questão em palestras e cursos.

Quem é Hermes? A tragédia desse esquecimento se manifesta na ausência de ritmo no trabalho de Comunicação. Escreve-se rápido. Repetem-se palavras. Não se lê os textos em dupla, em voz alta, para se envolver com a sonoridade das palavras. Esquece-se o ritmo. Esquece-se que texto é música que convida para dançar. Escrever um *release* não é diferente de escrever um bom texto para a mídia. A arte da criatividade é a mesma. A diferença está no objetivo, no foco, na proposta.

Como nas oficinas de Michelangelo e de Leonardo da Vinci, os detalhes das encomendas – o prazo, o foco, o tamanho – são partes do trabalho. Assim como é parte do trabalho ensinar aos noviços, ao estagiário, que no antigo ateliê de pintura começava pelos pilões para pulverizar as tintas, e não pelos pincéis, como acontece hoje graças aos imperativos da economia de custos, de uma corrida cega contra o tempo.

Pior, não se cultua o hábito da leitura ou se lê pouco. Assim, não se exercita a imaginação. Vive-se cercado pela cultura da imagem que anestesia o pensamento, desestimula a especulação, afasta a prática da teoria, e a teoria da prática. Inibe-se a relação criativa entre a sabedoria e a prática. Nos seus cadernos de anotação, Leonardo da Vinci escreveu: "Assim como o ferro enferruja sem exercício, e a água torna-se putrefata, e no frio congela, da mesma forma engenho sem exercício estraga..."

Da Vinci, o gênio, trabalhava com método, enaltecia o método e a sensibilidade. Casamento perfeito. Escreveu: "A ciência é o capitão, e a prática são os soldados. Estude primeiro a ciência, e depois siga a prática nascida daquela ciência... Aqueles que se apaixonam pela prática sem ciência são como timoneiros que entram num navio sem timão e sem bússola, que nunca sabem ao certo aonde vão. Sempre a prática deve ser edificada sobre uma boa teoria". Era o mesmo artista que ensinava: "As coisas mentais que não passam pelos sentidos são vãs, e nenhuma verdade podem parir, senão danosa".

Optar pela improvisação, pelo excesso, pelo banal é ir de encontro à natureza divina da Comunicação. Correr o risco de tornar não-navegáveis os mares da criatividade, da liberação dos talentos. É preciso curvar-se à realidade: a mídia está ficando mais compacta, há menos espaço nos jornais, nas rádios, nas televisões. Está ficando mais exigente. O comunicador precisa aperfeiçoar-se, estudar teoria, iniciar-se e evoluir nas melhores práticas. Aprender o que não sabe, progredir permanentemente. Por que o que é a Comunicação senão a síntese entre a verdade e o belo? A rejeição ao que é repetitivo, improvisado, feito às pressas. A Comunicação é uma obra total. Conteúdo e forma. Estratégia e ação. Relacionamento e ética.

O ímpeto de ir além do sinal vermelho frustra os relacionamentos. O editor de uma grande revista afirma: "Nada me aborrece mais do que um amigo que liga para oferecer uma pauta e diz: 'Trate o meu cliente com carinho'. Por que tratar com carinho? Eu quero notícia". Como as relações são cada vez mais predadoras, cada vez menos se dá importância ao real significado do que é notícia para a mídia. Esquece-se que o jornalista é o substituto moderno do médico, o antigo monstro mitológico, e que dele herdou – ou acredita herdar – os poderes miraculosos de deter todos os códigos, de conhecer os segredos do mundo, os fios dos labirintos da sociedade. É ele, e não mais o antigo médico, que aparece com sua espada mágica para matar os dragões das mentiras, tomar de assalto os castelos do poder com suas armadilhas para capturar a opinião pública. Esquece-se que notícia pode ter virado um negócio, mas, para o jornalista, é sempre, ou na maioria das vezes, um serviço de utilidade pública.

Há muita gente jovem nas assessorias. Gente que ainda precisa passar pelos ritos de iniciação. Ou que trabalha para comunicadores que são capazes de estruturar bons negócios, mas, em relação ao mundo da mídia, estão nas mesmas condições de um recém-nascido em relação ao mundo. Dos anos 1960 para cá, a profissão de comunicador fez grandes avanços. No Brasil, saiu do zero para o estágio de estrategista. Foi um salto excepcional. Para completá-lo, terá de alcançar a posição de conselheiro. Ser parte efetiva das decisões das empresas, do poder público.

As posições conquistadas já são arquipélagos de realizações. O futuro é o oceano das utopias. Não se irá conquistá-lo tentando aproveitar relacionamentos como quem utiliza uma potente lente de aumento, como se fosse possível tornar visível o que nunca poderá ser visível. Como se fosse possível o estado de urgência – de quem anseia pela notícia publicada – preponderar sobre o estado de credibilidade, que está na base do relacionamento dos editores com o público. Dessa forma, apenas se confunde amizade com profissionalismo. Esquece-se que o menos muitas vezes é mais. Não se encontram saídas para o labirinto. Limitam-se as portas de acesso à mídia.

Nêmesis, a deusa da Justiça, ensina: a perdição e a virtude nascem do mesmo ovo. Assim, relacionamento significa a compreensão do tempo em que se vive e dos seus limites. Vamos deixar o passado para trás. Vamos reconstruir o presente e o futuro como argonautas, odisseus de um novo momento, com renovado profissionalismo, como um personagem da Renascença do século 21, com inspiração de poeta, precisão de matemático, realismo de repórter.

No livro *Criatividade*, Domenico de Masi ressalta: "Dizemos que Michelangelo era muito criativo, não porque ousou idealizar uma cúpula como a de São Pedro, mas porque, depois de tê-la idealizado, conseguiu convencer o Papa de que aquele era um projeto que deveria ser privilegiado e financiado; conseguiu recrutar, selecionar e organizar centenas de pedreiros, cinzeladores, marceneiros e artífices; foi bem-sucedido na execução de todos os cálculos matemáticos necessários e conseguiu controlar, severamente, cada um dos episódios nos quais se articulou um processo construtivo sobre-humano".

A Comunicação é feita dessa mesma argamassa de idéia, convencimento e execução planejada. É preciso afirmar ao cliente que a Comunicação é parte inseparável da natureza do negócio. Um investimento indispensável, não um gasto acessório. Posicionar-se como um vencedor de desafios. Pois a divindade de Hermes é solução de problemas concretos. Superação de impasses. Sem Comunicação ou sem Comunicação de qualidade, a empresa, o político, o poder público se autocondenam ao fracasso. É algo tão inevitável quanto a lei da gravidade. Falar o que não vai acontecer, infelizmente, é uma prática que persiste. Que desmoraliza. Que pulveriza reputações.

Por quê? Prefere-se aprender com os próprios erros, não com os erros dos outros. É um antiprofissionalismo fatal. Um inexplicável desprezo pela opinião pública. Um adiamento perpétuo do futuro realizador. Um ato predador. Suicida. Uma esquizofrenia de Sísifo que recomeça sempre um mesmo trabalho, que faz da beleza oculta da plenitude uma isca para aniquilar a beleza da efetiva criação do real, do útil, substituindo a retórica da lucidez pela retórica oca do imediatismo ilusório. Na arte, o transgressor é aclamado porque pode ser precursor de novos horizontes, a vanguarda de novos espaços estéticos. Na ética, é o contrário. Como Comunicação é ética, é estilo cuidadoso e diplomático, é reverência ao verdadeiro, é Hermes no lado mais sorridente das suas nobres feições, o resultado corresponde, inevitavelmente, à responsabilidade.

Lembrete indispensável: o dr. Roberto Marinho afirmava que um jornal morre dez anos antes. Não seria errado dizer que um comunicador morre – quer dizer, fica desatualizado – cinco anos antes. O renascimento, o antídoto contra a cruel desatualização, nada mais é do que a busca do conhecimento, a arte da atualização, a compreensão autêntica da história, seus labirintos, suas armadilhas, seus imperativos. A conciliação-reconciliação com Hermes não é transitória, mas permanente.

★★★

Hermes, escritos sobre a divindade da Comunicação. [17]
(Trechos dos diálogos de Hermes com seu filho)

O intelectual é feito da mesma substância de deus... Deus não poderia existir para sempre se não tivesse criado sempre todas as coisas, no céu, no ar, na terra, nos abismos, em todas as regiões do mundo, no ser, no nada. Pois no mundo inteiro não existe nada que não seja Ele mesmo. Deus é invisível, sendo eterno, mas é Ele que faz aparecer todas as coisas. A eternidade é a imagem de Deus, o mundo a imagem da eternidade, o sol a imagem do mundo, o homem a imagem do sol... Eis as paixões do mundo: rotação e desaparecimento. A rotação é a revolução. O desaparecimento, a renovação. Deus, a Eternidade, o mundo, o tempo, o amanhã. Nenhum deus celestial atravessará as fronteiras do céu para descer à terra; o homem, ao contrário, se elevará ao céu, e ele tem a medida, e ele sabe, a medida das coisas... É preciso dizer: o homem terrestre é um deus mortal; o deus celestial é um homem imortal. O vício da alma é a ignorância... ao contrário, a virtude da alma é o conhecimento. O homem divino é aquele que fala pouco, que pode escutar. A verdadeira morte é o esquecimento, como a verdadeira vida é a consciência.

---

[17] Hermès Trimégiste, Corpus Hermeticum.

Uma breve linha do tempo

"Todo corpo individual, seja pleno ou vazio, em ação ou em repouso, está em constante relação com o universo, e em Comunicação perpétua com todos os outros. Se a força do elemento sombrio (yin) for dominante, sonhará que atravessa grandes rios e sentirá agonia. Quando a força do elemento luminoso (yang) predominar, sonhará que atravessa grandes fogos e sentirá vivo calor. Se a sombra e a luminosidade foram possantes a um só tempo, sonhará com a vida e a morte."
Lie Tseu, filósofo taoísta

"No princípio era o Verbo (...) e o Verbo se fez carne."
Novo Testamento, Evangelho segundo São João

6500 a.C. Três mil anos antes do florescimento da civilização egípcia, surgiram, na região do Nilo, os calendários esculpidos em pedra, com marcas representando os números dos dias. Foram as primeiras manifestações humanas de preservação da memória. O fato foi registrado em abril de 1963 pelo cientista e escritor Alexandre Marshak. No ano 3000 a.c., os sumérios inventaram um calendário bastante simples, com registro de duas estações – inverno e verão. Cientistas afirmam que calendários lunares já existiam 30 mil anos antes da era cristã.

5000 a.C. Invenção da escrita. A Suméria, na Mesopotâmia, é considerada a primeira civilização humana. Ali, em pequenas aldeias, viviam os sumérios e os acadianos. Foram eles que inventaram a escrita, com signos gravados em tabletes de argila, de difícil transporte. No começo foi assim, registra a lenda. O soberano das cidades de Urak, de nome Enmerkar, estava em guerra com o soberano da cidade persa de Aratta. Um dia, resolveu enviar uma mensagem ao seu rival, mas esta era complexa demais para um mensageiro repeti-la corretamente, de memória. Então, modelou a argila, e gravou palavras numa pequena tábua. Não se sabe ao certo se o soberano de Aratta entendeu a mensagem, pois não sabia ler.

Contudo, foi na área sagrada de Urak que os arqueólogos descobriram as tábuas cuneiformes, os documentos escritos mais antigos da história, datados de 3.000 anos. Embora a lenda atribua a escrita à genialidade de uma só pessoa, as pesquisas revelam que a escrita surgiu lentamente, resultado do uso dos timbres, das fichas de cálculo, dos selos usados pelos comerciantes para quantificar as mercadorias e as rendas auferidas. Com o uso da argila, a escrita, os registros antes feitos com estilete de bambu, cresceu vertiginosamente. Os desenhos passaram a apresentar duas dezenas de caracteres. Mais tarde, a grafia em madeira e papiro tornou o processo da escrita mais leve e ágil. No Egito, os escribas tornaram-se uma casta privilegiada. Eram considerados seres muito próximos dos deuses. Pois sabiam ler e escrever.

Como nos mosteiros cristãos da Idade Média, os escribas eram recrutados entre as classes baixas, especialmente garotos órfãos que eram preparados para o ofício desde criança. Havia uma escola especializada em Tebas. Precisavam ser muito devotados ao delicado exercício de copiar textos, trilhando longa e difícil ascensão. Dizia um ditado popular, referindo-se à educação dos escribas: "Se você ganha um dia na escola, ganha a eternidade". Além dos livros sagrados, orações, leis, manuais, poesias, canções de amor e máximas morais, copiavam histórias curtas, uma das mais notáveis contribuições do Egito ao mundo. Como trabalhavam duro e desfrutavam da admiração dos poderosos, não pagavam impostos.

O alfabeto é atribuído aos fenícios. Comerciantes e colonizadores teriam difundido a invenção por volta do segundo milênio a.c., que foi imediatamente adotada pelos povos do Mediterrâneo. Diz a lenda que o alfabeto nasceu por inspiração de Cadmos, herói fenício e fundador da mítica Tebas. A Europa teria nascido como desdobramento da democratização do alfabeto pelo mundo antigo. Os gregos pertenciam a uma cultura essencialmente oral, mas foram eles que reinventaram o alfabeto, agrupando as letras em sílabas, aprimorando a relação entre as palavras e as coisas, abrindo espaço para que o real fosse mais bem comunicado e aprendido, fazendo das letras algo vivo, não mera repetição de signos. A escrita e o alfabeto seriam as estações iniciais do longo percurso da Comunicação.

Galileu, no Diálogo sobre *Os Dois Máximos Sistemas do Mundo*, anota: "Mas, acima de todas as estupendas invenções, que eminência da mente foi aquela de quem imaginou encontrar um modo de comunicar os seus mais recônditos pensamentos à pessoa que se queira, ainda que distanciada por longuíssimo intervalo de espaço e tempo? Falar com aquele que se encontra nas Índias, falar com quem ainda não nasceu, nem terá nascido senão daqui a mil ou 10 mil anos? E com que facilidade! Com as junções variadas de 20 caracteres sobre o papel". Os gregos inventaram o primeiro alfabeto definitivo, no dizer de Michel Serres. Que lembra: "O povo que tudo inventou, o nu, o riso, o conhecimento e o patético, inventou antes uma ferramenta fundamental".

Mas a escrita só seria popularizada na Roma, de Augusto (43 a.C.-14.d.C), quando a paz e a prosperidade econômica multiplicaram as bibliotecas públicas, e intensificaram a edição e difusão de livros nas fronteiras do império. Foi a época em que os romanos assimilaram a cultura helenística, entusiasmaram-se pelas aulas de filosofia, gramática, retórica, e pelo estudo da literatura. Quando se tornou comum, em meio à elite, falar duas línguas. Foi a idade do ouro da língua escrita.

2000 a.C. Se alguém fosse rico e vivesse entre os assírios (norte do atual Iraque) ou no Egito, não era muito difícil remeter correspondências via correio. O sistema postal era operado por mercadores, que levavam documentos oficiais e cartas escritas em pequenos tabletes de barro, na escrita cuneiforme. No Egito, no ano de 1900 a.C. já havia estações postais. Na China, o sistema postal data da dinastia Chou (1027-221 a.C.). Porém, o mais completo e amplo sistema postal foi instalado pelos persas, por volta de 539 a.C. Pelas estradas reais e por mar, partia de Susa, capital da Pérsia, e alcançava as costas da Turquia e o norte da Índia. Heródoto escreveu, maravilhado com o correio expresso, a cavalo: "Nada no mundo pode mover-se mais rápido do que o correio persa. Nada pode vencer mais rapidamente as distâncias, independentemente da neve, das chuvas e da escuridão. O primeiro mensageiro passa a correspondência para um segundo, e este a um terceiro, de mão em mão, por todo o percurso, como a luz da tocha na maratona dos gregos". No primeiro século da era cristã, foi a vez dos romanos reivindicarem a paternidade do uso dos pombos-correio. Contudo, desde 2000 a.C. os sumérios e egípcios já tinham domesticado pombos para correio com fins militares. No século XV, Colombo, ao chegar à América, descobriu que os índios se comunicavam por sinais de fumaça.

1184 a.C. Diz a lenda que Agamenon transmitiu a notícia da conquista de Tróia pelos gregos por um complexo sistema de bóias iluminadas. Observadores teriam ficado de prontidão, durante os 10 anos que durou o conflito, à espera de informações. Ésquilo conta a proeza na peça *Agamenon*. Se foi exatamente assim, os gregos que combateram em Tróia foram os antecessores do telégrafo. De qualquer forma, os cientistas militares da Grécia desenvolveram um sistema de Comunicação por tochas, que avisava sobre os avanços e recuos dos exércitos, ou a quantidade de milho disponível, por exemplo.

Século VII a.C. Antes que o século termine, a filosofia (amizade pela sabedoria, amor pelo saber, na tradução literal) passa a fazer parte da existência humana. Segundo o historiador inglês John Burnet, foi uma conseqüência da prosperidade econômica das colônias gregas, que deu base aos "mais altos esforços intelectuais". Havia tempo livre para pensar, porque a abundância de riquezas e a existência do trabalho escravo propiciavam condições para o ócio e o pensamento especulativo. No dizer de Nietzsche, os gregos não temiam a dualidade humana, nem o seu lado sombrio e cruel. Por isso, inventaram a filosofia, que teria originado a tragédia. Entendia que a filosofia tem seu começo e fim com os pré-socráticos, que viam na dualidade entre Dionísio e Apolo o cerne da existência. Depois teria preponderado apenas o apolíneo, o desejo da ordem e da luz, o que promoveu a descontinuidade do entendimento do lado sombrio da existência. Nada pode estar mais distante do entendimento filosófico da Comunicação do que a negação da dualidade. Muitos viram as costas para esse aspecto fundador, numa espécie de delírio, panglossiano; mas estes estão fadados ao fracasso. A contradição é, como a memória, inseparável do processo de Comunicação.

550-478 a.C. Na China, surgem os primeiros consultores. Eram filósofos que saiam de cidade em cidade oferecendo seus serviços a príncipes e reis. Dedicavam-se ao ensino, ao aconselhamento e à profissão de conselheiro. Confúcio, que viveu naquele período, foi um dos mais proeminentes representantes desse grupo de sábios e humanistas. Condenava as ações destrutivas e os maus soberanos. Defendia a ética e a harmonia com a natureza. Estimulava o amor pelos filhos e a família. Rechaçava tudo que significasse a opressão, a violência contra a sociedade e a instabilidade. Converteu-se num mestre da democracia, num paladino na defesa da felicidade humana e de uma sociedade verdadeiramente social. Homem prático, que sabia como tratar a administração, a estratégia militar e o direito, suas idéias, as mesmas de Buda e do seu contemporâneo Lao-Tsé, continua ainda hoje a influenciar líderes do mundo moderno. No ano 655 da era cristã foi considerado pelos chineses como "o mais nobre dos mestres". Em 1657 passou a ser chamado como "o mais sábio dos mestres antigos". Sua doutrina tornou-se patrimônio da nação.

510 a.C. Nasce a democracia na Grécia, com a reforma de Clístenes. Ele enfraqueceu o poder da aristocracia e fortaleceu o cidadão. Criou um tribunal que cuidava das relações cotidianas da cidade, reunindo 500 cidadãos, e a Assembléia Geral de todos os cidadãos[18] atenienses. Com Clístenes, iniciou-se a democracia (*démoi*, cidadão; *krátos*, poder). Explique-se que a cidadania não era um privilégio de todos, como acontece nos nossos dias. Estavam excluídos os escravos, os estrangeiros, as mulheres e as crianças. Era uma democracia só de homens. Uma segunda característica: era uma democracia direta, não uma democracia participativa. Em sua *Introdução à História da Filosofia*, Marilena Chauí explica: "Para um cidadão ateniense seria inconcebível e inaceitável que alguém pretendesse ter direitos e mais poderes que os outros, se valendo do fato de conhecer alguma coisa melhor que os demais. Em política, todos dispunham das mesmas informações (quais eram as leis, como operavam os tribunais, quais fatos que iriam ser discutidos e decididos), e possuíam os mesmos direitos, sendo iguais".

A democracia ateniense julgava tirano todo aquele que pretendesse ser mais, saber mais e poder mais que os outros em política. Na polis democrática, Clístenes valorizou as artes, os ofícios e a educação, demolindo o conceito mítico de que o conhecimento fora dado aos homens pelos deuses. O objetivo era alcançar a excelência nas artes intelectuais e físicas para o perfeito cumprimento dos valores da sociedade. Na Grécia aristocrática, os trabalhos manuais eram desprezados, o ócio, cultuado e a educação, restrita às elites. Predominavam os privilégios de sangue e da linhagem.

---

[18] *Na democracia grega, cidadão era aquele que podia opinar sobre todos os assuntos que diziam respeito à sua cidade, discutir opiniões e votar decisões.*

394 a.C. Os hieróglifos saem de cena depois de uma longa carreira de 4.000 anos, em números aproximados. No mundo antigo, ler e escrever hieróglifos era monopólio dos sacerdotes, que mantinham seus conhecimentos protegidos pelo espesso manto dos segredos profissionais. Nenhum dos escritores do período clássico que se debruçaram sobre a história do Egito foi iniciado nos seus mistérios. Paul Johnson atribui a essa deficiência os erros cometidos por Pitágoras e Heródoto, que não viam os hieróglifos como um perfeito alfabeto, mas como um código deliberado. De exuberante beleza visual, combinando brevidade com elegância, a linguagem dos hieróglifos significa escultura sagrada. Correspondia a um sistema de signos, ordenados na forma de um alfabeto, com cada signo representando duas ou quatro letras.

O que continham os hieróglifos o mundo só viria a conhecer graças ao filólogo francês Jean-François Champollion, conhecedor das línguas árabe e persa, que decifrou a pedra de Rosetta, na era napoleônica. Mas o tema nunca deixou de despertar interesse. Acreditava-se, na Idade Média, que vários ritos cristãos tinham sua origem no conhecimento secreto dos hieróglifos. Muito do que foi estudado desapareceu com o colapso do Império Romano. No mundo antigo, predominava a crença de que os hieróglifos foram criados por Hermes, desde os tempos pré-históricos, e dados de presente aos egípcios.

350 a.C. Os conhecimentos humanos são reunidos na primeira enciclopédia. A obra foi idealizada pelo ateniense Speusippus (407-339 a.C.), sucessor de Platão, seu tio, na Academia de Atenas. No ano de 239 a.C., os chineses também produziram uma enciclopédia. Em 77 d.C, foi editada em Roma uma enciclopédia, sob o título *História Natural*, com 2.500 capítulos e 35 volumes. Seu autor foi o administrador e soldado Plínio, o Velho (23-79 d.C.).

59 a.C. Por determinação de Júlio César, surge aquele que entraria para a história como o primeiro jornal de massas, *Acta Diurna*. Distribuído em lugares públicos, mantinha os cidadãos informados sobre um pouco de tudo: campanhas militares, escândalos no governo, acontecimentos sociais etc... Sete séculos antes, os romanos tinham o cuidado de informar ao público que as lutas de gladiadores eram financiadas com dinheiro privado, não do império. No Oriente, os primeiros jornais surgiriam no século VII, escritos à mão, na forma de boletins. Com Gutenberg, no século XV, os jornais entrariam na idade moderna. Preponderavam os boletins com notícias sobre os mercados, dirigidos aos comerciantes, e panfletos sensacionalistas, vendidos por pequenas quantias. Como publicações periódicas, os primeiros jornais datam da primeira metade do século XVII. Circularam na Alemanha (*Avisa Relation oder Zeitung*, 1609), França (*Gazette*, 1631), Bélgica (*Nieuwe Tjdingen*, 1616) e Inglaterra (*London Gazeetet*, 1665). As notícias eram basicamente sobre a Europa, raramente tratavam da América ou da Ásia. A censura era rigorosa, em especial se o assunto desagradasse ao governo. Mas, os jornalistas sempre davam um jeito de burlá-la. Na véspera da decapitação de Charles I, Oliver Cromwell, líder da Revolução Inglesa, tentou apreender os jornais, sem êxito. Todos deram a notícia em manchete. Em 1776, a Suécia tornou-se a primeira nação a proteger, em lei, a liberdade de imprensa. Em 1958, o jornalista americano de rádio e televisão Edward R. Murrow afirmaria: "A maioria de nós acha que não seria livre sem os jornais, e é exatamente por isso que queremos que os jornais sejam livres". Dois anos antes, o filósofo, dramaturgo e romancista francês Albert Camus fez a seguinte síntese: "Muitas vezes me pergunto o que os historiadores do futuro dirão sobre nós. Bastaria uma frase para descrever o homem moderno: fornicava e lia jornais".

Séculos XII e XIII. A Bíblia acompanha a evolução da opinião pública e declara que o cavaleiro feudal é um personagem agora em extinção. Os papas e os confessores declaram que a supremacia profissional passa a ser dos alabardeiros, mineiros, cantoneiros, engenheiros, técnicos, e militares. A noção chave é o bem comum, o objetivo maior é a legitimação de todas as profissões. No discurso religioso, o tempo dos santos trabalhadores como São Bento e São Pedro cede lugar ao tempo dos trabalhadores santos. Palavras como fábrica e oficina transbordam do mundo das realidades materiais para o mundo das artes, da literatura e dos ofícios sacros. Três temas dominam, por exemplo, o interesse dos dominicanos:

- Todo cristão se define através de sua profissão: vocação e salvação.

- Todo trabalho merece salário: vocação e dinheiro.

- Toda profissão se justifica desde que se assente no trabalho: vocação e trabalho.

Há um esforço dos teólogos para resgatar no livro do *Gênesis* comentários que provam ter o trabalho as suas raízes positivas em Deus. Deus ao criar o mundo e os homens envolveu-se em um verdadeiro trabalho. Um labor superior, tão intenso, que obrigou Deus a descansar no sétimo dia. Deus, diziam os porta-vozes da Igreja, foi o primeiro trabalhador. Assim, antes do trabalho-penitência, conseqüência do pecado original e da queda do paraíso, houve um trabalho feliz, bendito por Deus, e o trabalho terrestre conservou algo do trabalhador paradisíaco anterior à queda.

Ainda no século XIII, Marco Polo, viajante veneziano, descreve a China como "o país mais rico do mundo", encantado com o progresso dos chineses no campo das invenções, a exemplo da pólvora, da bússola marinha e da imprensa. Marco Polo torna-se o pioneiro na divulgação dos predicados do Oriente na Europa. Ele seria o precursor de toda uma visão mítica da China, da Índia, que viria a inspirar o ciclo das navegações e o sonho de uma nova idade do ouro.

Surgem os mapas mundi. Debate-se a localização do paraíso que se imaginava nos confins da Índia ou onde os portugueses viriam a descobrir o Brasil. Os relatos dos viajantes atiçam no Ocidente o sonho do Oriente "(...) da inocência corporal onde o homem liberto do pudor do vestuário reencontra o nudismo, a liberdade sexual, onde o homem desembaraçado da indigente monogamia e das barreiras familiares se entrega à poligamia, ao incesto, ao erotismo"; "começa a ruir assim o mundo fechado do nosso culturalismo e do monoteísmo cristão", segundo Jacques Le Goff (*Para um novo conceito de Idade Média*).

Século XIV. As cartas, que Cícero definiu como "o espelho da alma", adquirem caráter privado, no sentido como são vistas atualmente, deixando de ser objeto de leitura por muitas pessoas, como se fossem um jornal. Aliás, havia uma forte ligação entre as cartas na Antigüidade e até a Idade Média as notícias, poemas e documentos oficiais eram apresentados na forma de cartas. Escrever e receber uma carta, eis os meios seguros de manter-se informado a respeito do que acontecia nas cidades vizinhas, na política, nos impérios. Escreviam-se cartas para pedir dinheiro, exprimir angústias, falar de amor, sedução, dúvidas, conspirar, fazer negócios, trocar informações, celebração... As cartas eram classificadas de acordo com o estilo, a forma, o conteúdo. A carta abriu as portas para o romance de ficção e a literatura epistolar. O século XVIII seria considerado como o apogeu da carta, a carta de gênio, elo entre escritores e intelectuais. Foi uma época definida como de "orgia da carta" como veículo de comunicação. O fim do século XX e o início do século XXI seriam épocas de refluxo. A carta, que começou como uma coisa pública, marcaria também o nascimento da intimidade.

1450. Johann Gutenberg de Mainz inventa a prensa gráfica, que utilizava tipos móveis de metal. Meio século mais tarde, já funcionavam máquinas de impressão em mais de 250 lugares da Europa, principalmente na Itália, Alemanha e França. Até 1500, produziram 13 milhões de livros, distribuídos numa Europa com 100 milhões de habitantes. Ter livros era símbolo de nobreza e riqueza. Houve grande resistência à entrada de livros europeus na Rússia e no mundo muçulmano, temente de heresias.

1472. Começam a ser impressos os primeiros mapas – "o mundo em papel", como se dizia na época –, o que correspondeu a forte incentivo às navegações e ao comércio. Em 1570, os mapas foram agrupados em Atlas, o que dava uma visão extraordinária do resto do mundo para o público. Embora o sonho cosmopolita datasse da antiga Grécia, os mapas reacenderam a utopia da globalização.

1529. É publicado o *Pequeno catecismo*, de Lutero, que já tinha traduzido a Bíblia Sagrada. O líder da Reforma foi um arauto incansável na Comunicação com grandes massas. Escrevia em linguagem acessível, na esperança de ser lido e compreendido por todos os cristãos. Seus livros eram vendidos de porta em porta, por preços módicos. O seu discurso "aos nobres cristãos da nação germânica" vendeu quatro mil cópias em poucos dias. Ele quebrou o monopólio da informação mantido pela Igreja. Recorria ao humor popular para ridicularizar o clero que vendia indulgências. Valorizava a arte do sermão para atingir as populações iletradas. Compunha hinos, fazia circular gravuras polêmicas dos santos, como do Cristo e do anticristo, explorando o contraste entre a vida simples de Jesus e a opulência dos papas, bispos e de todo o alto clero. Seus seguidores encenavam peças. Essa maneira de agir acuou os católicos, que se mantinham na defensiva, prisioneiros de um discurso limitado, voltado quase que exclusivamente para as elites.

Em grande parte, foi um confronto entre a cultura católica da imagem e a cultura protestante dos livros. Houve guerras fratricidas na ponta da espada e com armas de fogo, mas a guerra na mídia não foi menos intensa. Graças à Comunicação, Lutero impediu a Igreja Católica de calar sua voz. No século 17, o cardeal Richelieu, que governou a França sob o reinado de Luís XIII, e Jean-Baptiste Colbert, o ministro mais influente de Luís XIV, fizeram da mídia – reportagens, peças de teatro, medalhas, óperas, pinturas, esculturas... – um trunfo para a construção da imagem oficial, tanto nas fronteiras do país como no exterior.

1562. Com a publicação do dicionário espanhol-italiano de Landucci, inicia-se a produção de dicionários de grandes tiragens, em oposição aos pequenos dicionários para viajantes editados antes de 1500. Em 1598, é publicado o dicionário de inglês-italiano de Florio, e em 1648 o dicionário inglês-holandês. O primeiro dicionário português-inglês data de 1701. Os dicionários aproximaram culturas e facilitaram enormemente o conhecimento das línguas. No final do século 19, depois de 70 anos, ficou pronto o monumental dicionário de Oxford, o primeiro a definir e organizar a língua inglesa em 12 volumes, com 414.825 palavras.

1721. A realidade que se descortina com o Iluminismo mostra a enorme força da comunicação: a razão vence a força da religião e do misticismo no Ocidente. As teses da filosofia de que a razão é indispensável para o entendimento dos fenômenos naturais e sociais acende o estopim de uma luta implacável contra a Igreja, processo este iniciado já no Renascimento. O Iluminismo se traduz no talento e na ousadia de personalidades cuja herança se projetaria até os dias atuais. Montesquieu publica as *Cartas Persas* e liberta os demônios da crítica e da ridicularização dos costumes e instituições. Em 1748, publicou *O Espírito das Leis*, estudo em que condena a insensatez da monarquia e defende a liberdade, a independência dos três poderes: Executivo; Legislativo, Judiciário. Voltaire publica as *Cartas Inglesas*, com ataques ao absolutismo e ao clero. Rousseau, no célebre *Discurso Sobre a Origem da Desigualdade Entre os Homens* (1755), eleva a voz para defender a bondade natural dos homens, pervertidos pela civilização. Por isso, passa a combater a sociedade corrompida. A solução que propõe é a simplicidade da vida familiar; uma sociedade baseada na justiça, igualdade e soberania do povo, isto no plano político. Condensou suas idéias na obra *O Contrato Social*. Torna-se o inspirador de Robespierre. Está para a história da Revolução Francesa como Marx para a Revolução Russa de 1917. Diderot, apesar das perseguições da censura, publicou a *Enciclopédia*, entre 1751 e 1772, com a colaboração de vários pensadores e intelectuais. Adam Smith publica *A Riqueza das Nações* (1765) e proclama: O trabalho livre, sem intervenções do Estado, é que cria e faz circular riquezas. Estavam nascendo os grandes temas de conflito dos séculos seguintes: estatismo e liberalismo, despotismo e democracia, ditadura e liberdade. As idéias estavam mudando o mundo. A primeira safra de mudanças viria com os déspotas esclarecidos, prosseguindo com a era das revoluções.

1750. Surge o primeiro registro, em francês, do termo opinião pública. Nos anos seguintes, se espalharia pela Europa, incentivado pela imprensa. Em *Uma história social da mídia*, Asa Briggs e Peter Burke afirmam: "O envolvimento do 'povo' na Revolução Francesa foi tanto causa quanto conseqüência da participação da mídia. Um aspecto similar pode ser salientado na revolução norte americana de 1776. A causa da independência dos Estados Unidos, que se valeu de um panfleto inglês – o Grande Protesto Inglês do século XVII serviu de fonte para a declaração de independência norte americana –, foi precedida tanto por panfletos quanto por jornais. Já havia em circulação 42 jornais diferentes nas colônias da América do Norte, em 1775 e, alguns deles, como o *York Journal*, o *Philadelphia Evening Post* e o *Massachusetts Spay*, incitaram a causa revolucionária, descrevendo atrocidades cometidas pelo exército britânico".

1820. O mundo avança para o estágio definitivo da era da democracia. A crescente circulação de jornais, a expansão da leitura de livros e de pessoas alfabetizadas, mais as novas tecnologias e o ciclo da descolonização são marcos do que o historiador Paul Johnson definiu como o nascimento da modernidade.

1881. A França ensina ao mundo uma lição de liberdade. Uma nova lei de imprensa determina que *la press est libre* (a imprensa é livre). Por aquela época, exigia-se, inclusive, que os jornais fizessem depósitos em dinheiro, como caução, para pagar multas por difamação ou ofensas. A idéia conquistou a Europa, o Canadá e favoreceu a liberdade de imprensa nos Estados Unidos, onde a liberdade de expressão estava assegurada pela Primeira Emenda, desde os fins do século 18. O jornalismo afirmava-se como força social, defensora da idéia de progresso, de civilização, de humanidade, de democracia.

1920. O *Oxford English Dictionary* introduz o conceito de mídia. Na década de 50, começa-se a falar na revolução da Comunicação. Caminhava-se da idade do vapor para a idade da eletricidade e para a idade das ferrovias. O futuro chegava nas asas de invenções revolucionárias, como o "telégrafo elétrico", apontado por Karl Marx como a invenção fundadora do fenômeno da mídia que, ao longo do século 20, se expandiria de forma colossal. Primeiro com o cinema, o telefone, o rádio, a televisão e, às vésperas do século 21, com a Internet.

2001. O tempo real e a onipresença da mídia moderna são herdeiros de toda essa evolução. Perdeu-se na memória o tempo em que a Comunicação era prisioneira de escassas rotas. Multiplicam-se ao infinito as infovias, redes de Internet, a infra-estrutura da telefonia acoplada aos computadores, as metamorfoses da televisão, dos jornais, a informação em tempo real. Todos estão em toda a parte e em lugar nenhum. Há uma nova revolução copernicana em marcha. Há uma mistura de ordem e desordem. De inclusão e exclusão. Um equilíbrio e um desequilíbrio entre o novo e o antigo. Turbulência e calmaria. Curiosamente, tudo parece recomeçar do zero.

2006-??? A mídia impressa mergulha numa crise sem precedentes. Nunca voou tão alto, pelo critério de poder e influência. Nunca seus ganhos financeiros foram tão instáveis, nem os leitores tão infiéis. Se seus precursores dos tempos da Revolução Francesa e Americana estivessem vivo, talvez alertassem para a necessidade de deixar de lado a notícia espetáculo, a notícia que vende, e retornar ao modelo tradicional do jornal de opinião, dedicado menos ao lucro e mais a levar idéias novas e transformadoras à sociedade. No plano da sociedade, o marketing passou a ser tão grandioso e imenso que se banalizou como meio de comunicação. Passou a fazer parte do *showbiz* global.

Qual o futuro? Há um muro de silêncio em torno da pergunta. A resposta, se é que ela existe fora do círculo hermético da ambigüidade, vai depender dos rumos do duelo entre a sociedade de consumidores e a sociedade de cidadãos. Em suma, se teremos um capitalismo destrutivo que venha a exaurir a civilização por tudo consumir, a começar pelos chamados "recursos humanos" ou capital humano. Ou se teremos uma sociedade esclarecida, humanista, voltada para o progresso humano e a felicidade.

Parte III

Alexandre, o Comunicador

Esqueça a polêmica em torno da homossexualidade de Alexandre, o Grande, trazida à tona com o filme homônimo de Oliver Stone. É verdade, os antigos gregos viam com naturalidade o amor entre homens. Havia inclusive escolas altamente sofisticadas para preparar os jovens destinados ao prazer da nobreza. Numa trilogia de excepcional riqueza de detalhes, a escritora Mary Renault desvenda com absoluta suavidade e magia os bastidores das paixões de Alexandre, e não se limita apenas ao nobre Hefástion, herói do filme de Stone. Esqueça, por outro lado, o guerreiro que conquistou o mundo da sua época e que fez Júlio César, nos idos da antiga Roma, chorar ao ler sobre as suas conquistas, quando ainda não passava de um pós-adolescente de 24 anos. Sim, Alexandre foi um guerreiro invencível. Não é nenhuma novidade.

Rios de tinta foram consumidos para celebrar a sua glória, a começar por Ptolomeu[19], seu companheiro de batalhas, que se tornou senhor do Egito e escreveu um relato com foco em batalhas. Detalhes: o autor procurou valorizar seu papel nos combates, o que foi um trunfo para legitimar-se no poder, a despeito das suas inquestionáveis qualidades[19]. Depois, vieram muitos outros, dentre eles Plutarco, que fez um vigoroso paralelo entre as vidas de Alexandre e César. Não é novidade. Como não é novidade a sensibilidade de Alexandre como estrategista. Muito do

---

[19] *Dos amigos íntimos de Alexandre, aqueles que faziam parte do seu estado-maior, Ptolomeu foi dos raros que não se corromperam na disputa pelo poder. Seu irmão de sangue, filho de um amor extraconjugal de Filipe, preferiu a fidelidade à herança do rei à violência da ambição. Leitor de poesia, homem de rara coragem e discernimento, foi, na verdade, o grande responsável pelo esplendor de Alexandria. Foi o mais brilhante dos generais de Alexandre. Combateu sob as ordens de Filipe antes de Alexandre conquistar o seu primeiro posto de comando. Conhecia seus próprios limites, não tinha tentações de poder absoluto, sabia ser leal e atencioso. Inspirava confiança.*

que se viria a fazer nos campos de batalha nos séculos 19 e 20, das guerras napoleônicas à Tempestade no Deserto, ele já tinha feito pouco mais de três séculos antes de Cristo. Pense, sim, em Alexandre como comunicador. Como um líder que pode ensinar preciosas lições aos líderes da atualidade. Ou a toda gente que decide ou influencia decisões. Ele soube aliar a força das armas à força das palavras, numa época em que tudo fazia crer que a espada era mais forte. Com isso, conseguiu o essencial: minava as forças dos adversários antes de confrontá-los nos campos de batalha. Conseguiu muito mais. Deu unidade ao seu imenso império, tornou-se uma lenda imortal. E entrou para a história como pioneiro de um sonho jamais sonhado: o de unir vencedores e vencidos numa mesma proposta de civilização. Dizem muitos autores que ele foi envenenado por causa de tal ambição. Verdade ou não, é incontestável que Alexandre foi muito, muito mais do que um guerreiro-conquistador. Por onde ele passava, falava, respirava ou vivia, irradiava sedução. Tinha o nobre dom da oratória. Aprendeu com Aristóteles que uma idéia é maior do que um homem. Que uma idéia é divina. Ele era "o fogo do céu".[20]

Monopólio dos deuses

Alexandre compreendia que a imortalidade não estava na vida eterna, mas na ausência do medo. Cedo entendeu que, para os gregos, o homem tornava-se divino a cada instante em que lograva se desvencilhar do medo. Educado por Aristóteles, que o entronizou no universo da filosofia, com um extenso cortejo de reflexões em torno da poesia, da amizade, do amor, da polidez, da contenção dos sentidos, da sensibilidade para governar e da natureza traiçoeira da política, o futuro rei-deus cresceu no vazio deixado pela perversão das formas gregas de governar. A aristocracia cedia lugar à oligarquia. A democracia convertia-se em tirania e demagogia. Ambas degeneravam em brutalidade, destruição, violências sem fim, invasão dos povos bárbaros, instabilidade, corrupção, crises econômicas, enfim, afixava na Grécia a máscara trágica do sentimento de impotência. Alexandre apresentou-se como o redentor do passado, o criador de um novo futuro. A Pérsia sofria dos mesmos males. Era um império velho, decaído por práticas corruptas e pelo apego exagerado ao luxo. Além de se projetar como o melhor entre seus súditos, efetivos ou potenciais, lançava sobre eles a rede dionisíaca do encantamento.

---

[20] Título do primeiro volume da trilogia de Mary Renault sobre Alexandre.

Ele modelou sua reputação de guerreiro invencível com suprema habilidade. Ao se lançar na conquista da Ásia, com um exército de 35 mil homens, foi ao oráculo de Apolo e, ali, num lugar sagrado, proclamou-se, por direito divino, o verdadeiro rei do continente então comandado por Dario, cujos domínios se estendiam da Etiópia ao Mar Negro, do Egeu à Índia. Profanado pelos persas, o oráculo havia 150 anos não era palco de uma única profecia e suas fontes tinham secado. No dia da visita de Alexandre, uma das fontes voltou a jorrar. A notícia foi rapidamente divulgada como um sinal de que o macedônio contava com a máxima proteção dos deuses.

Os deuses tinham várias faces, mas todas pareciam favorecê-lo. Com Alexandre, os deuses se mostravam verdadeiros. Ele, Alexandre, transmitia a sensação de portar a marca dos bem-aventurados, como a pantera e o leopardo portavam a marca do perigo[21]. Era aquele o tempo dos deuses. O tempo em que os mortos insignes, como Hefástion, amigo de Alexandre desde a infância, que morreu poucos meses antes dele, eram divinizados, como foi mais tarde divinizado Alexandre. Os melhores escultores eram recrutados para imortalizá-los, em bronze, ouro, prata, mármore, com lança e escudo, às vezes nus, verdadeiros semideuses, alvo de cultos e referências.

Respirava-se o ambiente sagrado por todos os poros, com seus perfumes e oferendas. Os sacerdotes, que diziam ter a origem dos seus poderes graças ao contato dos pés com a terra, faziam predições lendo mensagens ocultas nas chamas e no firmamento. De imponente dignidade, com suas barbas cor de prata, os rostos sombrios, vestimentas de púrpura, podiam operar milagres e semear tempestades. O que eles diziam soava tão valioso quanto o ouro entesourado nas arcas. Acreditava-se que vissem o destino. A glória ou a morte dos soberanos e generais. A ascensão ou a decadência das cidades. Como os astrólogos que compreendiam a linguagem das estrelas, os sacerdotes dominavam as palavras. Daí Alexandre proclamar ter o monopólio sobre a preferência dos deuses. Ao monopolizar os deuses, monopolizava as mentes. Tanto que seus súditos guardavam moedas com a sua efígie, acreditando que, as-

---

[21] *Havia rivalidade entre os líderes políticos para aparecerem aos olhos do povo como abençoados pelas divindades. Era comum, por exemplo, quando um líder contratava um assassinato de um rival, anunciar, às vésperas do crime, que tivera uma visão do inimigo morto. Como as notícias se arrastavam lentamente, acabavam tirando partido de uma suposta Comunicação direta com o Olimpo.*

sim, teriam boa sorte. Os riscos de atraiçoar os deuses eram enormes. De fechar os ouvidos às suas profecias, também.

Herdeiro de Aquiles

Em seguida ao "milagre" no oráculo profanado pelos persas, vieram duas grandes jogadas, digamos, de marketing, por parte de Alexandre. Uma foi a visita ao local da antiga Tróia, onde mil anos antes os gregos foram imortalizados por Homero, na *Ilíada*. Alexandre proclamava-se descendente direto de Aquiles[22]. E, como o mítico herói grego, invencível. O lance seguinte seria ainda mais ousado. Sem qualquer finalidade aparente, ele visitou a cidade turca de Górdio. Sentia-se atraído pela lenda de um nó complicado atado a uma carroça, que só seria desfeito pelo futuro soberano da Ásia. Resolveu que ele desataria o nó. Houve protestos gerais. Os oficiais mais prudentes temiam que Alexandre fosse desmoralizado e, com isso, os maus presságios se abatessem sobre as tropas. Foi inútil. Alexandre aproximou-se do nó, em forma de turbante com as pontas viradas para dentro. Sacou a espada e, com um único golpe, o partiu em dois, revelando as pontas escondidas. Disse: "Não há interesse em como desatar o nó".

Naquela noite, houve uma violenta tempestade. Era o sinal de que os deuses, disse o povo, estavam ao lado de Alexandre, contra Dario. Foi quando ele passou a ser chamado de Alexandre, o Grande. Onde terminam os fatos e onde começa a ficção é possível detectar nos dias de hoje. No mundo antigo, não. Não se sabe se Alexandre acreditava, de verdade, que Zeus, Apolo, Aquiles, eram reais como as batalhas que

---

[22] *Um fato curioso. Na Idade Antiga, buscava-se sempre um herói mítico como modelo. O grande general e estadista Alcibíades (451-404 a.C.), por exemplo, foi incansável em proclamar-se herdeiro de Aquiles. Ou melhor, um segundo Aquiles. Era muito respeitado pela tropa. Sabia impor-se como modelo para os soldados. Procurava incentivá-los a parecer com os heróis de Homero. Dizia que eles, os heróis homéricos, embora mortos, estavam mais vivos do que todos os que pertenciam à tropa. Mais do que a carne e os ossos, os heróis homéricos faziam parte da essência dos gregos, argumentava. Como Aquiles, tinha o seu ponto vulnerável: a extrema vaidade. Foi o calcanhar que acabou por destruí-lo, assassinado pelos seus inimigos. Aquiles, "dos pés ligeiros", "semelhante a um deus", "conquistador de cidades", no dizer de Homero, é o símbolo da virilidade grega, mas é ao mesmo tempo um personagem colérico e sensível. Irradia poder, coragem e força, mas é capaz de chorar por força das suas angústias e frustrações. Ele se alimenta dos sonhos de glória e das suas dores como se alimenta do vinho, da carne e dos desejos amorosos, como por seu amigo Pátroclo. É um herói que sintetiza à perfeição o pendor pelo confronto e pela discórdia. Por causa de um conflito com Agamenon, o comandante máximo dos gregos, rei de Argos e Micenas, em torno de uma prisioneira de guerra, que supostamente lhe pertencia, retirou-se do combate com os troianos, quase levando seus compatriotas à derrota. Só voltou ao combate para vingar Pátroclo, morto por Heitor, o herói maior dos troianos.*

travou para conquistar o mundo da sua época. Entre a vasta pletora de incerteza, apenas uma é fato concreto. O selo real da Macedônia exibia a efígie de Zeus. A Zeus, Alexandre oferecia em sacrifício imaculados touros brancos. Ele cresceu aprendendo a associar seus atos às vontades do senhor do Olimpo, assim como admirava Homero e Xenofonte, cujo livro sobre a educação de Cyro, *Ciropédia*, era a obra que mais admirava depois da *Ilíada*. O povo e a tropa acreditavam que ele possuísse poderes mágicos, a despeito das muitas cicatrizes que lhe cobriam o corpo. Até os dias atuais se acredita, no Afeganistão, que Alexandre era o demônio e possuía chifres.

Alexandre conseguiu impor ao mundo a imagem de que era descendente de Zeus, o deus dos deuses. O filho de Filipe, o rei que transformou um pequeno território de pastores no Império Macedônio, no fugaz espaço de duas décadas, e a bela e impiedosa Olímpia, não poupava energias para fazer circular junto ao seu exército, aliados e, principalmente em meio aos inimigos, a sua bem-aventurada origem divina[23].

O segredo por trás do mito

Alexandre, o Comunicador, é uma fascinante história dentro da história. Ele agia como se fosse, ao mesmo tempo, o filho de Zeus e um guerreiro. Um herói digno de Homero[24]. Um rei que era como música. Lia Ésquilo. Conhecia a história dos persas. Citava Homero, quando falava dos heróis; Aristóteles, quando falava do espírito universal; Sólon, quando o tema era o amor. Mas se revelava duro como uma rocha, se alguém pedisse para falar dele mesmo, dos seus feitos. Preferia que outros falassem. Mantinha escritores e escribas junto às tropas. Zelava para que o povo, os nobres, os escravos, os mercenários, vissem nele um ser único, pródigo. Capaz de tudo fazer. Manteve equidistância da rainha-mãe,

---

[23] *No dia em que Alexandre nasceu se sucederam uma série de sinais que os oráculos interpretaram como uma mensagem dos céus. Na Macedônia, houve relâmpagos, tempestade, terremoto. Duas águias pousaram nos aposentos de sua mãe, Olímpia. Uma estrela cadente foi vista nos céus. O templo de Éfeso foi atingido por um raio e queimou até sua destruição. Olímpia se encarregou em difundir a versão de que as duas águias significavam que seu filho reinaria sobre dois mundos – a Europa e a Ásia. A destruição do templo significaria que uma tocha fora acesa para iluminar todo o mundo. A tocha era Alexandre. Por fim, a estrela foi associada ao fato de que Alexandre era um deus, filho de um deus.*
[24] *Por aquela época os povos eram fascinados por fábulas, que exerciam magnetismo semelhante àquele das celebridades nos dias atuais. Os relatos de viagem exageravam, por exemplo, informando que na Índia existiam homens com os pés virados para trás e que assim podiam correr quando batiam em retirada, templos construídos exclusivamente com pedras preciosas, serpentes de três cabeças e três línguas, além de elefantes vermelhos e com três chifres. Alexandre mantinha a Macedônia e a Grécia informadas, por cartas, sobre suas descobertas reais e imaginárias.*

Olímpia, assim como do pai, uma personalidade dominadora, assassinado durante uma conspiração. Quando assumiu o trono, já desfrutava do respeito e da admiração da soldadesca. Havia debelado rebeliões e se revelado um estrategista de gênio. Já se opunha a atitudes de cunho racista; raramente procurava inspirar medo. Expressava autoridade. Seus amigos viviam cercados por uma aura de coragem e de destemor. Impunham respeito aos mais velhos, pelas vitórias em combate, e inflavam a imaginação dos mais jovens, que procuravam imitá-los[25].

Magnânimo com os soldados, Alexandre misturava-se a eles, ouvia opiniões, partilhava privações como a falta de água, de comida, o rigor do inverno. Liderava marchas a pé. Cultivava hábitos sóbrios, despojado de luxos e símbolos fúteis de poder. Certa vez, no deserto, um soldado ofereceu a ele a pouca água que restava. Alexandre jogou a água no solo, sob o olhar perplexo de toda a tropa, e disse que estava prestando uma homenagem aos deuses do deserto. Um dos soldados deu um passo à frente e afirmou: "Ó meu rei, tu vieste dar de beber a todos nós". E todos os soldados começaram a aclamá-lo pelo sacrifício. Visitava os feridos e ajudava a curá-los. Mantinha um diário sobre tratamento de febres, feridas e fraturas. Entendia de medicina. Muitas vezes, deu sugestões aos médicos sobre como utilizar determinadas ervas para tratar os feridos e curar epidemias. Premiava os recém-casados com tempo livre; enriquecia os amigos. Mantinha correio regular, com correspondência trazida por cavalos e camelos, para os soldados – ele, além de cartas, recebia livros – ficarem sabendo o que acontecia nas suas casas, isto durante os quase 10 anos que duraram as campanhas na Grécia e na Ásia.

Como o deus Hermes, seus mensageiros eram conhecidos pela rapidez e pela discrição. "Dizia-se que um despacho confiado aos mensageiros reais chegava mais rápido do que um pássaro em pleno vôo. Mesmo as asas dos boatos e rumores não poderiam superá-los." (Mary Renault). Nas cidades dominadas por Alexandre era mais fácil sair do que entrar. Porque quem saía se tornava um propagandista da generosidade do rei-deus.

Foi assim quando Alexandre capturou a família e o harém de Dario.

---

[25] *Quando Alexandre tornou-se rei, aliás, por aclamação do exército macedônio, seguindo um antigo rito que ele fez questão de respeitar, sua fama de herói corria o mundo conhecido. Ao tornar-se regente da Macedônia, senhor de todas as coisas, reais, gerais e absolutas, tratou de submeter revoltosos, salvou a vida do pai em batalha, espalhou estátuas suas por onde pôde e fundou a primeira de muitas cidades de Alexandria.*

Eunucos que logravam fugir contavam o quanto Alexandre tratava com dignidade a mulher e a mãe do monarca persa. Não permitiu estupros, muito comuns naqueles tempos, garantiu os privilégios da família real vencida e respeitou as concubinas do harém. Aliás, antes de derrotar o exército persa por completo, Alexandre demoliu a reputação de Dario, que, por duas vezes, fugiu do campo da batalha. Salvou provisoriamente a vida, mas perdeu definitivamente o respeito dos soldados e dos seus generais. Há uma pintura famosa, que mostra Dario em pânico, batendo em retirada diante de um Alexandre resoluto, cabelos em desalinho, olhos destemidos, arregalados, preparado para o combate.

Para os gregos, conta Plutarco, a reputação valia mais do que tudo. Do que a fortuna, do que a liberdade, do que a glória. Na guerra de Tróia, Aquiles tentou, sem êxito, destruir a reputação de Heitor, o líder troiano, disseminando informações de que ele fugia ao combate. E, realmente, Heitor fugia. Fugia, não. Recuava. Era um homem prudente, não um homem ousado. Sabia avaliar as situações. Bater em retirada quando sentia que estava em posição desfavorável. Atacava quando se sentia seguro.

No Egito, como nas cidades gregas dominadas pelos persas, Alexandre foi recebido como libertador. Respeitava os deuses e as culturas locais. Como um ator que sabe escolher o momento para conquistar o interesse e os aplausos da platéia, ele sabia como motivar vencidos e os indômitos macedônios a ter prazer em se curvar às suas ordens. Na origem, estava a ambição, sempre declarada, de unir gregos, egípcios, persas e indianos num único povo. Assim, tornou-se o primeiro arauto da idéia da globalização. Misturava os povos conquistados com casamentos. Incentivava a mistura de idiomas, para que os soldados encontrassem afinidade nas línguas persa, grega, macedônia e egípcia. Fazia desse encontro de culturas uma fonte de confiança e energia. Um elo forte da Comunicação entre raças. Quando se casou, em Susa, com a filha de Dario, fez com que 24 dos seus amigos mais próximos e honoráveis casassem com jovens persas. Todo o exército foi convidado a participar das bodas, e também incentivado a casar com mulheres persas. Tais práticas não ocorriam sem resistência, mas nelas é que residia a sua força, as raízes do apogeu do seu império.

O símbolo máximo dessa missão, certamente, é a cidade de Alexandria, no Egito, uma das cerca de três dezenas de Alexandrias que foi semeando ao longo da sua extenuante marcha, de algo como 32 mil quilômetros. Com o tempo, além da inigualável Biblioteca, a cidade, a oeste do delta do Nilo, ficou famosa pela magia dos seus palácios, ruas habilmente planejadas, templos, canais de fornecimento de água, comércio e, sobretudo, como centro cultural a reunir filósofos, matemáticos, astrônomos, artistas, enfim, uma rival de Atenas, que se transformou no principal legado de Alexandre para a Humanidade. E foi o epicentro da projeção da sua legenda, não só como uma personalidade única do mundo antigo, mas como um personagem que sobreviveria aos tempos modernos.

Essa dimensão de Alexandre amplificava o poder da avançada tecnologia, para os padrões da época; do seu exército, com suas torres móveis, seus aríetes e suas longas e resistentes lanças.

Alexandre para comunicadores
Como encaixar as experiências do comunicador Alexandre nos dias atuais? Na esteira do filme *Alexandre*, de Oliver Stone, foram publicados ou republicados vários livros, além de um excepcional documentário da BBC, de Londres. Todos eles buscavam engrandecer o rei-deus ou desmitificá-lo. Há dúvidas se ele foi um visionário autêntico, ou bárbaro, violento, ardiloso e sanguinário. Depende do ângulo de avaliação. Talvez tenha sido um visionário, e um rei bárbaro e violento, como muitos do seu tempo. Contudo, é incontestável que ele foi um mestre na arte de conquistar adesões, não apenas pelo poder das armas, mas por esse poder e arte intangível que é saber comunicar. Estava, também, muito longe de ser um cínico manipulador. Unia, numa mesma personalidade o soldado, o diplomata, o comunicador.

Não por acaso sua legenda continua viva há mais de dois mil anos. Ou que, Montesquieu, autor do *Espírito das Leis*, tenha escrito nesses termos ao se referir a Alexandre: "Ele não deixou aos povos vencidos apenas os seus hábitos, deixou-lhes ainda suas leis civis, e, muitas vezes mesmo, os reis e os governantes que ali encontrou... Poucas foram as nações que se submeteram a ele, em cujos altares não fez sacrifícios. Parece que ele conquistava unicamente para ser monarca particular de cada nação, e o primeiro cidadão. Os romanos conquistavam para tudo destruir: ele quis conquistar para tudo conservar; e, em qualquer país pelo qual tenha passado, suas primeiras idéias, seus primeiros propósitos foram sempre fazer alguma coisa que pudesse aumentar-lhes a prosperidade e o poder".

Num dos melhores livros da atual safra a respeito de Alexandre, a renomada helenista francesa Claude Mossé (*Alexandre, o Grande*) associa o rei-deus aos elementos fundadores "daquilo que chamamos de civilização helenística". É um livro ponderado, denso, repleto de informações e de análises. Uma leitura valiosa para comunicadores. Ou para quem quiser compreender melhor a dimensão política e histórica de Alexandre, na busca de caminhos que possam iluminar melhor a compreensão das ações e atitudes das lideranças dos nossos dias. Pois a sua vida é mais do que uma relíquia histórica. Nela, existe muito do presente, apenas hoje acondicionado numa linguagem moderna, e talvez com conteúdo não raro artificial.

Alexandre se debruçava sobre os impasses da Comunicação com as massas como um matemático diante de um teorema. Casou-se duas vezes com mulheres estrangeiras, na expectativa de demolir os preconceitos dos seus compatriotas. Com o mesmo propósito, assimilou hábitos persas. Tinha o hábito de falar em público. Os soldados o aplaudiam até a exaustão. Essa qualidade tornava-o muito popular. Foi um dos seus preciosos trunfos para derrotar Dario, num combate em que os persas possuíam duas vezes mais soldados. "Nós tínhamos razão de reconhecer nele a natureza divina. Ele tinha um mistério. Ele era capaz de nos fazer acreditar ser possível tudo que ele acreditava. Ele fazia, nós também. Suas felicitações eram, para nós, preciosas; nós daríamos nossas vidas para não trair sua confiança. Nós fizemos coisas impossíveis. Ele era um homem com o toque divino. Nós éramos apenas homens tocados por ele...", diz um emocionado Ptolomeu, a um dos seus filhos, já no fim da vida, ao se referir a Alexandre, no livro *Les jeux Funéraires*, de Mary Renault. Do seu palácio, Ptolomeu via o túmulo de Alexandre. Falava como se o rei-deus estivesse vivo[26]. Naqueles tempos, todos os reis foram herdeiros da espada, e assim fizeram seus herdeiros. Alexandre foi uma exceção, porque tornou a si próprio e a seus sucessores também herdeiros da palavra.

---

[26] *Alexandre sobreviveu a todos os tempos. Voltaire o definiu, no século XVIII, como "o único grande homem como jamais se viu entre os conquistadores da Ásia". No século XX, sua imagem ganha dimensão utópica, com o desejo homossexual palpitando em cada personagem, a partir do livro de Klaus Mann,* Alexander: Roman der Utopie, *traduzido para o francês por Jean Cocteau. A corrupção pelo poder está na essência da derrocada final de Alexandre. O autor o define como herói, mas do meio para o fim do livro passa a rotulá-lo como "o déspota macedônio, o carrasco da Grécia".*

Parte IV

Comunicação e Democracia, faces de uma mesma moeda

A Comunicação é como o ser, jamais tem fim. A tudo unifica, a tudo desconstrói. É a organização, o equilíbrio, a harmonia. Também, o seu reverso. A Comunicação útil, porém, é como os antigos deuses que lembram a solidez das rochas e se mantêm firmes, mesmo quando expostos a mutações. Os registros épicos mostram que cada grande herói antigo, a exemplo dos modernos, cultivava um estilo próprio de comunicar, de entrelaçar seu destino a uma reputação-imagem, a uma visão de equilíbrio, perfeita ou não, com a sociedade.

Teseu, o legendário vencedor do Minotauro, o possuidor da saída do labirinto – um enigma permanente da Humanidade –, antes de erguer a democracia em Atenas, a mais famosa cidade do mundo antigo, firmou a reputação do segundo Hércules. Assim, tornou-se, na visão de Aristóteles, o idealizador dos governos sustentados pelo prestígio popular. Ao morrer, sua tumba foi transformada em refúgio dos aflitos e dos escravos, tal o seu prestígio.

Temístocles (527-460 a.C.)[27], grande orador, que foi um dos primeiros embaixadores do planeta, isto nos tempos da guerra do Peloponeso, fazia questão de ser amado pelos cidadãos comuns de Atenas. Conhecia as pessoas pelo nome e cultivava grande paixão pela honra. Certa vez, vendo corpos que boiavam no mar, após uma batalha, com braceletes de ouro, virou-se para um companheiro e disse: "Pegue essas coisas, você não é Temístocles".

---

[27] *A data não é exata, a julgar pelos historiadores.*

Fabius (270-203 a .C.), general conhecido como o escudo de Roma, cinco vezes cônsul, primava pela moderação. Dizia ser impossível realizar grandes feitos sem cometer erros. Não era humano. Mas o importante era aprender com os erros e aperfeiçoar-se. Disse a Aníbal, o destruidor de Cartago: "Você sabe conquistar grandes vitórias, mas não o que fazer com elas". Fabius sabia. Vencia pela persuasão, não pela espada. Era tão querido que, quando morreu, o povo cotizou-se para financiar seu enterro.

É impossível deixar de pensar em personagens desse quilate, quando se pensa na Comunicação no mundo antigo, povoada de sacerdotes, generais, poetas, guerreiros, adivinhos, espiões, retóricos, filósofos, gente que em nada se assemelha aos comunicadores contemporâneos, mas que tinha consciência de como conquistar as massas e as elites. Nada pode estar mais próximo dos desafios dos tempos modernos quanto o papel primordial de Hermes. É ele quem transmite os conhecimentos e as virtudes éticas de geração em geração, assegurando a renovação e a continuidade. Diz Platão, nos *Diálogos*: preocupado com o futuro, Zeus, pai dos deuses e dos homens, "mandou que Hermes levasse aos homens pudor e justiça" .

Hermes perguntou: "Distribuí-los-ei como foram distribuídas as artes? Estas foram distribuídas da seguinte maneira: um só homem com o conhecimento da medicina basta para muitos que a ignoram, verificando-se a mesma coisa com todas as outras artes. Devo proceder desse modo com o pudor e a justiça, ou reparti-los entre todos os homens igualmente?". Zeus responde: "Entre todos, para que todos participem deles, pois as cidades não poderão existir se o pudor e a justiça forem privilégios de poucos, como se dá com as demais artes. E mais: estabelece em meu nome a seguinte lei: que todo homem incapaz do pudor e da justiça sofrerá a pena capital, por ser considerado flagelo da sociedade".

Essa é a razão por que as deliberações políticas exigem a participação de todos. É a razão por que, nas diferentes épocas, a Comunicação é parte natural e parte legal da política. Como parte natural, ela deve ter a mesma força em todos os lugares, independentemente do que pensem os cidadãos. Como parte legal, deve permear todo o sistema jurídico, para proteger o cidadão e a sociedade dos ditadores e dos tiranos, dos déspotas e dos autoritários. Pois a Comunicação é mais poderosa do que a espada. É uma fonte de poder também mais poderosa que o dinheiro.

Ela faz, se manipulada, que o público oscile de um lado para o outro, como uma folha ao vento.

Na Antigüidade, como nos tempos modernos, os políticos, quando suspeitos de corrupção ou de gestão incompetente da coisa pública, reagiam como se estivessem sendo "horrivelmente maltratados", "injustamente arruinados". Era a forma como eram vistos por Sócrates, que argumentava: "Nunca nenhum governador de cidade foi perseguido injustamente pela cidade a que ele preside". Argumento atualíssimo. Mas que só viceja se for esgrimido num ambiente de liberdades públicas.

Um caso clássico do mundo antigo: a Babilônia, literalmente "a Casa dos Grandes Deuses". Entrou para a história, em grande parte pelo pendor discriminatório da Bíblia, como um símbolo de decadência, um local dedicado aos excessos dos prazeres do sexo, do culto ao luxo e dos prazeres do vinho e da mesa. Esqueceu-se o esplendor da cidade, o coração da Mesopotâmia (terra entre rios), que perdurou por mais de 1.800 anos. Assim como se esqueceu de que a Babilônia era uma rara cidade onde a arte da escrita não estava restrita apenas ao clero e à aristocracia, mas ao alcance do cidadão comum. Resultado do seu fervor intelectual, reunia o que existia de mais avançado nos campos da astronomia, da medicina, da literatura. Na Bíblia, a Babilônia é amaldiçoada. Destruí-la miticamente era inseparável da guerra declarada pela igreja contra os deuses pagãos e contra os primeiros cristãos que pregavam a defesa dos pobres e a tolerância.

Caminho contrário foi percorrido por Alexandria, que, graças aos seus apologistas, entrou para o imaginário coletivo como uma cidade mágica, um jardim da fantasia onde os sonhos se realizam. É como se fosse uma obra feita pelo próprio Deus, uma cidade da alma, uma cidade da memória, para engrandecimento da Humanidade. Escritores como Lawrence Durrell e Edward Morgan Foster fizeram de Alexandria um espaço cosmopolita, fascinante, literalmente um retrato profundo da arquitetura, do saber e da cultura do mundo antigo. O choque de visões representado pela forma como, em geral, são apresentadas as duas cidades, representa o contraste entre a Comunicação que é manipulada ou estereotipada e a Comunicação que flui afastada do cercado dos censores ou dos preconceitos. Quanto maior a distância dos controles, das pretensões ao monopólio da verdade, menos o espaço sagrado da Comunicação é profanado. É sob este aspecto que a democracia ganha importância capital.

O ponto de partida, desde a Antigüidade, é a legitimidade. César, escreveu Max Gallo, sabia, ainda adolescente, que o povo reunido em assembléias pesava sobre o seu destino. Percebia: "A plebe escolhe os candidatos a certas magistraturas. É preciso seduzi-la, comprá-la, alimentá-la, para que, satisfeita a fome, ela não vá à fúria. E é preciso também contê-la, saber puni-la." Sentia poder utilizar o povo "como uma arma, para atingir o adversário, os patrícios cegos, os *optimates* ocupados, não com Roma, mas com seus próprios bens, com seu poder". A questão que se colocava para ele era a mesma dos ditadores modernos: como se legitimar? "A validade das normas", anotou o sociólogo Jürgen Habermas em *Direito e Democracia*, "está ligada a sua justificação." Ou à base pública de justificação.

Hoje, parece absurdo alguém justificar o exercício do poder pela origem divina. Obviamente, não faltam as caricaturas do passado que se perdeu na Antigüidade: nacionalismos, patriotismos, segurança nacional, governos revolucionários, à direita e à esquerda. Obviamente, não faltam os arremedos de democracia atrelados a uma cultura meramente constitucionalista, que se revela frágil e disposta a rasgar a carta constitucional sempre que surgem discordâncias em grande escala ou que afloram ameaças à ordem tradicional.

Em contraste com a visão autoritária, Habermas define com absoluta convicção que a democracia é muito mais do que uma forma de gestão, do que a administração de interesses em conflito por meio do sistema representativo de governo. Ele é enfático na sua visão: a democracia é uma radicalização do ideal ético, da proteção dos direitos e da participação política. Ele acredita, veementemente, numa "democracia deliberativa", com intensa presença da cidadania na vida pública.

Isto implica a supressão do jogo de poder, observa ele, com a transformação da autoridade pessoal em autoridade racional. Implica a harmoniosa coexistência entre teoria e prática, discurso e ação. Implica que a comunidade ética e política substitua o cimento da identidade, e de um mesmo modo de vida, de um mesmo sonho de felicidade, pela diversidade de idéias, de modos de vida, pela pluralidade de valores que se moldem num mesmo contexto de liberdade e num mesmo ambiente constitucional. Ou cidadãos, politicamente autônomos, que possam exercitar coletivamente a compreensão mútua.

Liberdade positiva

Nos círculos da imprensa há um imenso desafio a ser superado: como harmonizar o direito à informação da sociedade, a liberdade do jornalista e o negócio da mídia? Esse é um tema antigo, que ganha nova urgência. A face negocial da mídia tem se tornado preponderante. Sem esforço, pode-se ver nos escândalos que envolvem a mídia nos Estados Unidos, onde o gosto pela ficção em lugar da notícia tornou-se compulsivo por parte de jornalistas ambiciosos, um efeito colateral da ênfase não à essência da notícia, mas ao espetacular, ao sensacional a qualquer preço. É o que se convencionou chamar de "circo da mídia".

Essência da notícia? O que significa? Sem dúvida, a notícia significa muito mais do que o impacto, do que as coberturas exaustivas que fazem os veículos de Comunicação parecerem uns com os outros, como os altares das igrejas barrocas ou as cidades construídas por espanhóis e portugueses na América Latina. É aflitivo lembrar que essa massificação era muito utilizada no mundo antigo para associar a idéia do poder dos imperadores ao poder do Estado, ou que, em geral, no passado, essa mesma corrida para informar se misturava com a determinação dos reis de mostrar à opinião pública que alguns homens eram mais poderosos que outros.

A notícia é uma expressão da civilização. Longe de ser um mero exercício de frivolidade, é uma responsabilidade social. O jornalista não é um mero reprodutor de fatos. Ele interpreta, analisa, expressa visões de mundo. Portanto, precisa ter liberdade em relação à sociedade, mas também em relação ao veículo em que trabalha. É impossível aceitar a tese de que a noticia é um mero produto, como um sabonete ou um enlatado qualquer. Como é impossível aceitar uma sociedade de consumidores, quando o que a democracia preconiza é uma sociedade de cidadãos.

Em palestras e cursos, é comum executivos perguntarem como podem vincular a publicidade ao noticiário favorável aos seus negócios. Ficam irritados quando investem em publicidade e o jornal critica as empresas onde trabalham. Querem contrapartidas. Querem gratidão. Não se trata, na maioria das vezes, de um desvio moral ou de um comportamento moralmente obsceno, mas de falta de informação.

Não entendem que, se o veículo se render a esse tipo de prática, morre. E eles serão os primeiros a dar o tiro de misericórdia, porque se a tiragem e a influência caem, o veículo perde o interesse. A publicidade não é um favor, mas um investimento. Mas as empresas jornalísticas se comunicam mal. Não conseguem, e talvez não se esforcem para, explicar à nova geração de executivos e de empresários que publicidade é publicidade, notícia é notícia. Quem tem feito esse trabalho são as agências de Comunicação, em boa parte formadas por profissionais egressos das redações.

Dramático, no jornalismo, é que tudo virou negócio e que essa ideologia, na atualidade, contamina desde o Vaticano, visto como uma corporação empresarial, à terminologia dos políticos e da economia. Como tudo é negócio, a preocupação dominante é agradar ao público leitor, não fustigá-lo, motivá-lo a pensar, fazê-lo ver o mundo por uma perspectiva diferente. O Papa João Paulo II sintetizou as contradições dessa cooptação por meio da mensagem-espetáculo: praças cheias, igrejas vazias. Assim foi o seu reinado terreno. A tarefa de traduzir os novos conceitos da sociedade global foi adiada. Comunicação é como uma construção de qualidade. Ao invés de envelhecer, resiste ao passar do tempo.

Nos Estados Unidos esse conflito entre a notícia e o negócio é discutido desde 1947, sob a rubrica de liberdade positiva. O conceito foi cunhado por William Ernest Hocking, professor de filosofia da Universidade de Harvard, no livro *Freedom of Press: a Framework of Principle*. Entendia que a "liberdade negativa" perdera substância, pois era uma liberdade de erva daninha, que reservava os grandes debates à esfera privada.

A "liberdade positiva" seguia no rumo de grande debate público, envolvendo todos os cidadãos que desejassem viver sob o império da justiça. Hocking ambicionava lançar pontes entre o idealismo e a realidade cotidiana. Evidentemente, a liberdade positiva incluía, além do poder público, as empresas. Pois as empresas são decisivas na prática da ética social. Mas essa é uma discussão que avança muito pouco. No Brasil e no mundo. Aqui, especialmente, a batalha pela sobrevivência da mídia é muito dura, difícil. Isto provoca um desequilíbrio acentuado entre o poder da redação e o poder do proprietário dos veículos.

De qualquer forma, as redações têm mais poderes do que no passado. O leitor tornou-se um participante ativo. Ele escreve cartas, envia e-mail e, quando se sente agredido, troca de veículo. O leitor tornou-se ultra-sensível. Pune a irresponsabilidade, a imprecisão, o jogo ideológico, com o abandono. Considerando sob o aspecto do negócio, esse fato é muito sufocante. Se o leitor, a razão de existir dos veículos de Comunicação, vive em alerta vermelho, é sinal que há muitas mudanças a serem feitas para conquistá-lo. É hora de erguer a bandeira branca e celebrar um armistício. Senão, tudo vem abaixo. Mas não é tão simples assim. O jornalismo é uma profissão que exige muita liberdade. A reportagem não é apenas a verdade factual. É o ambiente onde se desenrola, é a personalidade do repórter, a personalidade do veículo. Muitos jornalistas pensam mais nos seus próprios egos e nas suas próprias carreiras do que no leitor e na sociedade. Muitos são despreparados. Muitos estão sobrecarregados, porque as redações encolheram e o trabalho aumentou.

Nas empresas, o salto político

Curiosamente, a mídia tornou-se muito forte. É muito temida pelo velho *establishment*, respeitada pelo novo *establishment*. E também muito vulnerável. Exige-se dela uma maturidade e coerência que a sociedade ainda está distante de alcançar. Exige-se que a mídia não minta, nem erre, numa sociedade que cultua a mentira e o erro. Por mais que se queira negar, a mídia não está acima da sociedade. É parte dela, encarna suas frivolidades, suas irracionalidades, assim como difunde seus avanços, sua consciência e responsabilidade sobre a vida. Na verdade, com todos os seus defeitos, a mídia forma uma espécie de vanguarda. No Brasil está à frente. Apesar do constante pessimismo e do fervor com que abraça o lado negativo das coisas, tem um código positivo em defesa dos excluídos e contra os preconceitos. Se a democracia brasileira evoluir e a economia reagir, a mídia vai encontrar um caminho evolutivo e de amadurecimento. No âmbito das empresas, está se abrindo caminho para a responsabilidade social.

A Comunicação ganhou textura política. Suas práticas, lá pelos idos de 1964, eram sinônimo de escassos jornais e revistas de empresas, uma atividade quase exótica, que os jornalistas confundiam com a censura à liberdade de expressão. O comunicador, por aquela época, era visto como um personagem de segunda linha. Dentro e fora dos limites da empresa. Sua ambição maior era ver o seu nome no expediente das publicações que editava – claro, existiam exceções –, e quase não vislumbravam horizontes fora daquilo que a empresa produzia. Em síntese, uma visão taylorista do processo. Bem ao gosto do período em que o regime militar bania das linhas de produção os movimentos de trabalhadores e apregoava a ideologia do "Brasil, ame-o ou deixe-o".

O capítulo que viria a seguir delinearia os traços iniciais de uma moldura política. Data do alvorecer da década de 1980, da chamada Nova República. Das publicações de empresa, o jornalismo empresarial transbordava para o âmbito das estratégias empresariais. Olhava-se o futuro pelo pára-brisas. Percebia-se que a democracia iria mudar tudo. Que o velho sistema de ignorar a opinião pública tinha os dias contados. Passava-se a falar com múltiplos públicos. Foi o momento em que o empresariado e os executivos se interessaram em aprender como trabalhavam jornais e jornalistas, a fazer as primeiras incursões pela cultura de mídia.

Foi o início de uma revolução. A primeira eleição direta para presidente da República plantou as sementes da ascensão da Comunicação Empresarial nos anos 1990. O comunicador, pouco a pouco, foi se transformando num personagem estratégico. As empresas estavam se reestruturando. A economia se diversificava. Os trabalhadores voltavam a fazer parte do processo político. O consumidor ganhava novos direitos e tornava-se mais consciente. Tudo isso fez da Comunicação um diferencial competitivo. Mais, um elemento decisivo para construir reputações, entronizar nas empresas os conceitos de cidadania, torná-las parceiras da sociedade.

Um marco nessa trajetória foi a Constituição brasileira promulgada em 1988. Ao assegurar a liberdade de expressão, fez com que o Brasil avançasse no tempo e garantisse aquilo que os americanos conheciam e praticavam desde 1791, com a Primeira Emenda à Constituição dos Estados Unidos. Desde então, o papel do comunicador não parou de evoluir. De meros editores de publicações dirigidas ou da simples distribuição de *press releases*, galgaram patamares muito mais elevados e nobres.

Tornaram-se estrategistas, tornaram-se conselheiros, tornaram-se parte indissociável do êxito dos negócios. Mas o caminho a percorrer ainda é acidentado, e marcado por muitas curvas. Ao contrário da mídia, a Comunicação das empresas favorece sempre o positivo. Nos momentos de crise, é raro não acontecer um atropelo total. Um isolamento que só revela desprezo pela opinião pública.

Há, também, a freqüente tentativa, por parte de governos e empresas, de controlar a informação. Simples: a informação é um capital e, como capital preciso que é, controlá-la é uma vantagem suprema.

No Brasil, toda a história das relações entre a imprensa e o Estado tem sido um brutal mal-entendido. O horror à verdade começou na Colônia, prosseguiu no Império e se projetou até os dias atuais. No alvorecer da

República, não havia alternativas: ou se era republicano, ou se era monarquista. E aos monarquistas restava apenas o primitivismo do ódio, a força bruta, a violência.

O governo Vargas bem que tentou dialogar com a imprensa, na fase pós-Revolução de 1930, mas, com o Estado Novo, logo pendeu para o controle absoluto. A história é conhecida. O famigerado DIP, ligado diretamente ao gabinete do ditador, ambicionava controlar até o ar que os brasileiros respiravam. A imprensa pagou um preço alto pela ingenuidade: o pavor dos comunistas, que dois anos antes da instalação da ditadura, tinham se levantado em armas, fez com que fechasse os olhos à perda gradativa dos espaços de liberdade. Quando acordou, estava prisioneira dos imperativos do que se chamou de "colaboração construtiva".

Foram tempos em que os jornalistas eram rotulados de *sabotadores*, *tendenciosos*, mercadores de *idéias falsas*, enfim, inimigos do Brasil. Isto porque muitas vezes se opunham à "unidade ideológica" . O ministro da Educação, Gustavo Capanema, com seu estilo de bucaneiro, dizia não entender como a imprensa, "uma força tão poderosa", podia pertencer a "industriais e comerciantes, em outros termos, o particular, o que basta para mostrar a constante ameaça de desvio dos deveres, da prática da injustiça e da queda no erro, a que está sujeita".

Foi em 1941. Sessenta e três anos depois, o projeto do Conselho Federal de Jornalismo e dos Conselhos Regionais de Jornalismo seguiu pela mesma trilha pontilhada de fossos de onde se propagam como a peste as sombras do que há de pior na mentalidade de campanário, ao enfatizar a vontade de "orientar, disciplinar e fiscalizar o exercício da profissão de jornalista, e zelar pela fiel observância dos princípios de ética e disciplina da classe em todo território nacional".

Democracia é conflito. Quem pensar diferente, não é democrata. A experiência do ciclo militar demonstra essa constatação de forma inequívoca. Quem olhar pelo retrovisor da história, facilmente poderá fazer o inventário de crimes contra o patrimônio público, contra a vida humana e contra o Estado de direito, que foram cometidos em nome do monopólio da verdade.

Então, é óbvio: democracia e Comunicação positiva são faces de uma mesma moeda. Uma fortalece a outra. Sem Comunicação livre, a sociedade fica com as mãos amarradas para resolver o grande impasse da atualidade, que é a confusão da coisa pública com a coisa privada, com preponderância do que é privado. O lucro financeiro, não o lucro social, que é indispensável. Se, no passado, as elites corriam para privatizar o Estado, agora, com a privatização e a mercantilização da vida social, tudo ficou mais fácil. Pois o cidadão encontra-se menos protegido, a despeito da mobilização jamais vista na história brasileira.

Um processo sem fim

Tudo isso é muito complexo, muito contemporâneo, mas, a despeito das polêmicas que o tema possa suscitar, é inquestionável que democracia e liberdade de Comunicação fazem parte de uma mesma fronteira, situada entre a valorização dos direitos individuais e coletivos e a sua negação. Assim, a liberdade de Comunicação é a guardiã de todas as liberdades.

Agora, a nossa viagem ao mundo antigo chegou ao fim. Não é mais preciso contar os séculos em frações de segundos. Cabe apenas uma questão, sem resposta: Como pode alguém entender de Comunicação, de algo que jamais tem fim?

Voltando a Hermes. Hermes é um nome genérico. Como um talismã. Um rei. Um líder. Um legislador. Um filósofo... É o símbolo de uma época que os estudiosos da Idade Antiga chamavam de *reinado dos deuses*. Segundo teria escrito o próprio Hermes, "Nenhum dos nossos pensamentos poderia conceber o que é Deus, nem tampouco língua alguma defini-lo. O que é incorpóreo, invisível, sem forma, não pode ser apreendido pelos nossos sentidos; o que é eterno não pode ser medido na regra curta do tempo. Deus é, pois, inefável. Deus pode, é certo, comunicar a alguns eleitos a faculdade de elevar-se acima das coisas naturais e de perceber alguma irradiação da sua suprema perfeição. Mas esses eleitos não encontram palavras para traduzir em linguagem vulgar a imaterial visão que os fez estremecer. Podem explicar à Humanidade as causas secundárias das criações que passam ante seus olhos como imagens da vida universal, mas a causa primeira permanece velada e só alcançamos sua compreensão com a morte."

Como uma divindade viva, a Comunicação existe para aproximar os homens e ordenar o mundo, em todos os tempos – passados, presentes e futuros. Na leitura das palavras de Hermes, a morte pode ser entendida como a ausência de Deus, a perda do divino. Por Deus, podemos compreender algo que permeia a vida, unindo o prazer à felicidade, a ciência à sabedoria, a religião à inteligência, os princípios da alma e do espírito ao dia-a-dia. Assim é a Comunicação, em todos os seus domínios. Ela apenas é. Como na Antigüidade, ela precisa buscar a perfeição e a integridade humana, levando cada ser e a sociedade a desenvolver suas faculdades e a superar limites, sempre sob a perspectiva da liberdade. Hermes é uma idéia elevada do sentido da Comunicação.

Foi assim para os egípcios, para os gregos, para os romanos e para os europeus da Idade Média e do Renascimento. É assim para os nossos dias e será para os tempos futuros. Como Hermes, a Comunicação é eterna, eleva-se sobre a régua curta de definições que, é evidente, mudam de conteúdo e sentido com o passar da regra curta do tempo. Sem jamais despojar-se da aura mágica da divindade.

Parte V

Pequeno Dicionário da Moderna Comunicação

Advogados: Tratam-se de dois mundos, duas realidades que se interligam: advogados e jornalistas. Em momentos de crise, em especial, o comunicador deve fazer do advogado um aliado em tempo integral. Juntos, estabelecem um diálogo entre o que é prático e o que é legal, fazendo com que as ações de Comunicação assumam caráter realista, sem deixar flancos abertos para processos ou atritos jurídicos. Hoje, os advogados participam fortemente dos projetos de Comunicação. Analisam textos, antecipam soluções de impasses e, sobretudo, contribuem para apontar pontos vulneráveis das empresas nas questões legais. A química dos comunicadores com advogados, quando dá certo, é absolutamente positiva. É aconselhável às empresas programar *media training* para o corpo de advogados, a fim de que a cultura jurídica e a cultura de Comunicação se unam para formar uma combinação em proporções equilibradas, com a área jurídica reforçando a Comunicação e a Comunicação reforçando a área jurídica.

★★★

"Conhece-te a ti mesmo"
Do Oráculo de Delfos

Arrogância: São personagens estranhos os arrogantes. Frágeis, têm pavor a ouvir a verdade ou as críticas, mas se revelam fortes, destemidos, corajosos. Em 2004, na reta final da campanha pela reeleição, a prefeita Marta Suplicy viveu seu inferno astral: o marqueteiro Duda Mendonça foi preso no Rio de Janeiro, sob acusação de crime ambiental – estava participando de uma briga de galos –, o adversário José Serra conquistava folgada vantagem nas pesquisas e sua equipe de Comunicação se dividiu, graças à interferência do seu marido, Luís Favre, que apostou todas as fichas na tese do medo, a mesma que os tucanos utilizaram, sem êxito, quando Lula se elegeu presidente. Nada disso foi tão grave quanto o estigma da arrogância. Não adiantou à prefeita argumentar. Defenderse. A força do estigma agiu contra ela, como uma coação. Foi uma imensa energia contrária à simpatia do eleitorado. Embora tivesse feito um governo razoável, o olhar da mídia sobre a sua personalidade era diferente.

O livro *História da Arrogância*, do analista junguiano Luigi Zoja, italiano de Milão, é um dos mais relevantes para se tentar a compreensão do enigma da arrogância. Citando Buda, ele diz que até os deuses "estimam aqueles cujos sentidos são calmos como os cavalos bem domados pelo condutor, aquele que renunciou à auto-afirmação". Considera fecundo compreender o mito do limite. Recorre a Ícaro, por exemplo, para ilustrar a tragédia daqueles que não respeitam os limites impostos pela natureza ou pelos deuses. Ícaro caiu do céu para a morte, porque não ouviu o alerta do pai, o genial Dédalo, para que não voasse perto do sol ou do mar. Fugiram juntos do labirinto, em que estavam aprisionados por Minos, rei de Creta. Dédalo, que fez as asas, avisou: "Voa ao meu lado. Não desças muito perto, junto ao mar, porque os respingos das ondas poderiam molhar as penas, e torná-las perigosamente pesadas. Nem te eleves muito alto, aproximando-te do Sol, porque seu calor derreterá a cera que mantém as penas unidas". Ícaro não ouviu os conselhos. Cedeu à embriaguez da alegria do vôo, e alçou-se cada vez mais alto, cada vez mais próximo ao Sol. Caiu das alturas, morreu. Acreditou excessivamente na perfeição técnica, como a civilização moderna acredita na tecnologia. Tornou-se um refém das suas ilusões. Confundiu uma fagulha divina com a divindade dos deuses. Foi onipotente e caprichoso.

A arrogância é uma doença da alma. É a marca de um atavismo existencial, e de uma fragilidade que se manifesta também na indiferença e no medo. Na Comunicação, mais do que uma doença, é um vício que facilmente determina, como conseqüência final, a derrota ou o fracasso. Pois o arrogante vive num tempo apologético, em que a distinção entre objetividade e subjetividade, entre fatos e suas interpretações, simplesmente não existe. Como não existe o outro para avaliá-lo, criticá-lo ou julgá-lo. Para o arrogante, o outro não existe para recolher e amplificar o ruído, muitas vezes ingrato, dos seus atos. Mas para exaltá-lo, em música ou poesia, como os servos da Antigüidade.

★★★

Assessorias: O entendimento das tendências do presente é o espaço de construção do tempo futuro. Vivemos um choque inédito na história: o ciclo do capitalismo excludente, inaugurado com a Proclamação da República, ainda não terminou, mas o novo ciclo, de democracia participativa, ainda não tem seus contornos claramente delineados. O desafio das assessorias de Comunicação é traduzir esse antagonismo em conteúdos que façam a diferença, que sejam úteis à travessia que agora começa. O que ficou para trás foram as ilhas dos arquipélagos das realizações. O que se projeta para o futuro é o oceano das utopias. Alcançá-lo será um exercício permanente de criatividade.

★★★

Blindagem: A linguagem marqueteira é muitas vezes gêmea da comunicação, no sentido de que é comum tentar "vender" algo que não existe. Muitos comunicadores pensam que é possível criar uma linha de defesa impossível de ser rompida para abrigar seus clientes. Pura ilusão! A crise do chamado *mensalão* demonstrou, mais uma vez, que não existe blindagem capaz de resistir à pressão dos fatos adversos. Esse realidade é facilmente perceptível por quem se dedicar a acompanhar o noticiário das crises. A década de 90 do século passado e esta primeira metade do século 21 produziram dois bons exemplos que não deveriam jamais ser esquecidos pelos comunicadores. Um foi o *impeachment* do presidente Collor. O outro foi a crise do mensalão (propinas pagas a parlamentares em troca de apoio político) e da CPI dos Correios, no governo Lula. No espaço de 70 dias, contados a partir 14 de maio de 2005 (quando veio a público a gravação das imagens de um funcionários dos Correios recebendo uma propina de R$ 3.000,00), caíram o ministro chefe da Casa Civil, José Dirceu, e toda a alta cúpula do PT, abrindo uma crise que jogou por terra a credibilidade do Partido dos Trabalhadores e do próprio governo. Se não há fatos positivos, não há blindagem que resista. Partindo dessa premissa, recomenda o bom senso que a palavra *blindagem* seja relegada ao lugar que ela efetivamente merece: a lixeira.

★★★

Boicote: Muitos obstáculos se sucedem no decorrer da apuração de uma reportagem. Agravá-los é um pecado capital. Aquele que é boicotado se sente agredido, não esquece. Para o jornalista, a palavra boicote não tem significado nenhum. Ele sempre vai encontrar a fonte da sua verdade.

★★★

A única segurança que temos é a liberdade de imprensa. É preciso se submeter à agitação que produz. Ela é necessária para manter as águas puras."
Thomas Jefferson

Censura e controle: Diz a manchete da *Folha de S. Paulo* [28]: "Cresce pressão sobre jornalistas nos Estados Unidos". O texto revela que especialistas jurídicos constatam "uma tendência ameaçadora para a categoria de jornalistas". Sob o pretexto da luta contra o terrorismo, estão sendo enfraquecidas as "proteções básicas ao trabalho de coleta e de divulgação de notícias, práticas que, de modo geral, eram vistas como legítimas, em especial, desde a época do escândalo de Watergate". Essa tendência ameaçadora põe na alça de mira a Primeira Emenda da Constituição[29] americana que dá ao direito de se negar a

---

[28] *Quinta-feira, 19 de agosto de 2004*

responder sobre fontes confidenciais.

Os ataques à liberdade de expressão e à liberdade de imprensa não visam, exclusivamente, à mídia; visam a amordaçar a sociedade. A ofensiva autoritária é contra a democracia. A mídia não pode ser servil. É da sua natureza e objetivo ser independente. Mas há uma base racional para explicar a compulsão de controle. Como dizia o lendário I.F. Stone, jornalista americano que se notabilizou denunciando o macarthismo e, também, as atrocidades da guerra do Vietnã, todos os governos mentem. As empresas também. Como os governos, mentem por omissão, por confusão ou por má-fé. Daí, não surpreender que governos e empresas, com incessante audácia, estejam sempre ambicionando dominar o universo da informação. Mas o tiro sempre sai pela culatra. As tentativas de censura, cedo ou tarde, se voltam contra o censor. Sobretudo porque criam problemas dentro dos problemas, amplificando questões menores, que, em condições normais, não teriam qualquer repercussão.

No passado, os governantes inventaram os deuses e a origem divina dos poderes que detinham para enfraquecer a oposição, como constataram Marx e Voltaire. Hoje, querem repetir a receita, só que por meio da mídia. No Brasil, as seduções da censura e do controle encontraram sua gênese nos idos da Imprensa Régia. Um grupo de censores reais se revezava, diariamente, no labor de passar as notícias por severo crivo. Decreto de 1821 exigia que toda folha impressa no País fosse previamente censurada. Depois da Independência, José Bonifácio de Andrada, influente ministro do reino, por exemplo, reprimia os periódicos oposicionistas e financiava os governistas. Na República, o jogo de pressões e contrapressões não mudou. "Independente da época, nossa história mostra que a liberdade de expressão foi um bem transitório e de vida efêmera no Brasil", constata Silvana Gontijo, no imperdível *Livro de Ouro da Comunicação*. "Os governos sempre tentaram controlar a opinião pública usando a força ou a pressão econômica."

★★★

Coletiva: Ficou fora de moda. Ficou banalizada. Perdeu o encanto. Os jornais querem notícias exclusivas. Organize um evento desse gênero apenas para anunciar fatos excepcionais. Em todo caso, use a palavra convidar, jamais convocar. Convocar trai o ranço autoritário dos idos do ciclo militar.

---

[29] *Em vigor desde 1792, proíbe expressamente o Congresso de "legislar de modo (...) a cercear a liberdade da palavra ou da imprensa." O governo exerce controles dificultando o acesso a documentos sigilosos e credenciando jornalistas que cobrem a Casa Branca, ministérios e agências federais. No Congresso, o credenciamento é feito por um comitê de jornalistas eleitos por seus pares. O Judiciário reconhece as credenciais expedidas pelo Executivo e Legislativo.*

★★★

"O céu se prolonga e a terra se mantém. Se o céu pode se prolongar e a terra existir, é porque eles não vivem para si próprio. Eis porque eles podem prolongar sua existência."

Lao Tseu

Convergência: Somar, multiplicar. Nunca dividir ou subtrair. Eis a filosofia de uma boa equipe de Comunicação. Brigas. Choques de egos. Intrigas. Cada um puxando a corda para um lado – é jogo de soma zero. As equipes de Comunicação precisam ser como remadores que fazem esforços na mesma direção. Na convergência, todos ganham. Ganham os profissionais. Ganha a empresa. Ganha a Comunicação. Assim pensavam os gregos. A discórdia, diziam, "cai no mais fundo dos abismos". A concórdia "alcança o centro onde todas as coisas se congregam, de modo a serem uma só, não de súbito, mas, gradualmente, vindas de diferentes setores, e, à medida que chegam, a discórdia retira-se para o extremo limite... Na proporção em que esta se esvai, a concórdia aflui no brando rio imortal e infinito"[30]. A fidelidade e o companheirismo de uma equipe de Comunicação deveriam ser tão sagrados quanto o são em meio à tripulação de um submarino.

★★★

Crise: O primeiro princípio é excluir esta palavra do dicionário. Por que não substituir a expressão gestão de crise por gestão de temas sensíveis? Fica mais leve, menos paranóico, mais positivo. A interpretação confunde má notícia com crise; trata as dificuldades, os erros, os imprevistos, a totalidade das falhas com vigor apocalíptico. A palavra crise fala a linguagem do medo; a expressão temas sensíveis é voltada para o otimismo, para a ação concreta, transformadora. Crise, de verdade, acontece quando os fatos trabalham contra a empresa. Ensina o Tao que a natureza, como qualquer animal, para ser domada, exige cuidados como conhecê-la, observá-la, classificá-la. Esse método pode ser perfeitamente aplicado à gestão de crises de Comunicação. Trata-se, apenas, de organizar o bom senso. Organizar os elementos conhecidos. Organizar a ação. É assim que se baixarão as pontes levadiças que, nesses momentos, geralmente, separam a empresa da opinião pública. Porém, quando se briga contra os fatos, o trabalho é extremamente complexo.

Na tarde do dia 3 de dezembro de 1984, uma sexta-feira, a notícia de uma tragédia devastadora chegou à sede da Union Carbide, nos Estados Unidos. Da sua fábrica em Bhopal, na Índia, vazaram 25 mil toneladas de gás isocianato de metila. Em conseqüência, morreram 2.500 pessoas. Na época, a empresa era um colosso mundial da indústria química e petroquímica, com 90 mil empregados e faturamento de US$ 10 bilhões. Com presença e posicionamento globais, no

---

[30] *Uma visão*, W.B. Yeats.

Brasil fabricava, em Cubatão (SP), o mesmo pesticida que fora o estopim da chuva química que flagelou os moradores de centenas de barracos e casebres erguidos em torno da fábrica indiana. Os pedidos de indenização chegaram a US$ 3 bilhões, a União Carbide tornou-se *persona non grata* em todo o mundo, embora antes de Bhopal fosse considerada uma boa cidadã. O acidente marcou o começo do fim da Union Carbide.

Qualquer empresa, grande ou pequena, pode ir a nocaute por força de uma crise. A qualidade da Comunicação é um trunfo, mas não a pedra filosofal. Em dezembro de 2004, um golpe inusitado atingiu a MG, Media Group do Brasil, empresa responsável pela realização de eventos como o Salão Duas Rodas; a Brasil Offshore, a terceira maior do planeta no gênero; e a Protection Offshore. A empresa descobriu que teve seu sistema de dados violado, e parte do dinheiro de uma de suas contas desviado. Além disso, num domingo à noite, foi distribuída, aparentemente com o auxílio de *hackers*, uma nota que tinha como remetentes falsos a Agência Estado, o jornal Valor Econômico, o Click Macaé, entre outros sites de informação. A nota mentirosa informava a falência e a venda da empresa para investidores estrangeiros. O caso foi parar na Delegacia de Crimes Eletrônicos do Deic. Mas quem resolveu tudo foi a jornalista Rose Amanthéa. Seus trunfos: os fatos estavam a seu favor e empresa desfrutava de excelente reputação. Uma nota num jornal de grande circulação foi o suficiente para fazer baixar a poeira da insegurança e desmascarar a fraude.

Nos nossos dias, cedo ou tarde, toda empresa viverá algum tipo de crise. A sociedade é muito regulamentada. Há excesso de leis. Espionagem industrial. Fraudes. Ruptura dos antigos laços de lealdade corporativa. Muita pressão. Muita incompreensão. Muita distância entre o discurso e a prática. Muita resistência a ir além das máscaras de superfície, muita compulsão ao auto-engano. Nas corporações, muitas vezes, a sinceridade caminha à luz do dia de olhos vendados. Pouco vê, tropeça sempre.

Muitas vezes, o rótulo da cidadania é mera peça promocional, mero espetáculo. Meros fios de teias de aranha, que só servem para enredar quem os produz. Há profusão de pessoas abstratas, sem firmeza alguma, que desconhecem os deuses homéricos; vítimas de patológica rejeição ao equilíbrio, ao bom senso, ao exercício democrático do poder, empenhadas que estão em vencer mesquinhas guerras de Tróia modernas, não em decantar a arte da dialética, em consagrar tempo, criatividade e dinheiro para encontrar o caminho da verdade dos relacionamentos com a sociedade e com o cidadão.

Mas, a despeito de todas as adversidades, o grande drama da crise continua sendo o imponderável. Disse Edgar Morin: "O inimigo é invisível; a gente se dá conta, depois que ele atacou, que ele estava por aqui...". Mal comparando, a crise é como o tsunami – a grande onda que, em dezembro de 2004, matou mais de 100 mil pessoas nas praias do Oceano Índico –, que se pode prever quando vai acontecer, mas nunca com que intensidade. A diferença é que, se a empresa tem boa reputação, fica muito mais fácil neutralizar as erupções e reduzir a dor dos estragos.

★★★

Diálogo: o diálogo aproxima verdades. É a chave de ouro do mundo civilizado. É o sopro divino do entendimento. A fronteira onde o conflito destrutivo se desvanece para ceder espaço ao conflito construtivo. Empresas lideradas por pessoas de visão compreendem que, por maiores e mais portentosas que sejam, são mortais e frágeis como folhas no bosque. Não se apóiam em diálogos abstratos, mas sim num círculo de efetiva integração, de entendimento.

O diálogo é uma planta delicada, mas que se robustece se alimentado com pensamentos e práticas úteis. Responsáveis. Diálogo e democracia estão indissoluvelmente interligados. O caminho do conflito leva a situações fechadas. O caminho do diálogo, à flexibilidade e à amplitude de horizontes. O trabalho do comunicador, nesse sentido, é como o dos poetas na antiga Grécia, ao exercitar a sabedoria, a perícia na arte do conhecimento, da sensibilidade e da capacidade prática.

Ele contribui para que os mundos externo e interno da empresa sejam vistos com a lucidez e a grandeza dos heróis homéricos. Dessa forma, desmistifica preconceitos, contribui para a alquimia da sociedade reconciliada. A cultura do diálogo é a cultura da não-violência. Conduz a um ponto comum entre visões contraditórias, com a busca de critérios justos e verdadeiros para os diversos interlocutores. O diálogo é resultado de um meio social organizado.

★★★

Discrição: O crítico inglês Kenneth Tynan disse que Humphrey Bogart era o único astro que, pela magia das suas atuações, poderia ter o nome figurando sozinho, "acima dos títulos de um filme". Com o comunicador, é radicalmente diferente. De preferência, seu nome não deve aparecer em lugar nenhum. Pois ele é um personagem de bastidores, alguém que determina o êxito, mas que deve ter prudência e lucidez para não colher publicamente os louros da vitória. Como norma de vida, não compete com o assessorado. Não se exibe. No marketing, na publicidade, os comunicadores são estrelas. Celebridades. Na Comunicação empresarial, é diferente.

O comunicador precisa primar pelo anonimato, pela discrição. Nunca comentar que escreveu um artigo ou que preparou uma entrevista. Nunca atribuir a si mesmo a paternidade de idéias consideradas excelentes ou geniais. Nunca interromper o assessorado numa entrevista. Ou discutir com ele em público. Nunca agir como um mentor intelectual, um guru. Ele nunca pode se tornar um incômodo para o assessorado. A sua satisfação maior é ver aquele para quem trabalha brilhar. Nada disso significa ausência de firmeza ou de personalidade. Assumir postura discreta é a única forma de se revelar grande.

★★★

"Uma imprensa única, parcial, mercenária e demagógica vai produzir, com o tempo, um povo parecido com ela."
Joseph Pulitzer

Denúncia: No Brasil, *Os sertões* rompem com o oficialismo, o mensageiro chapa branca. Euclides da Cunha denunciou o vergonhoso massacre de Canudos, mostrando que o exército dizimou não um perigoso núcleo de resistência monarquista, a ameaçar a República recém-proclamada, mas um reduto de pobres e excluídos sertanejos, abandonados à própria sorte pelos governos. Foi muito criticado, mas o livro se impôs. Como repórter de *O Estado de S. Paulo*, deixou-se iludir. Escreveu artigos ufanistas. Terminava-os com patrióticos "Viva a República". Não falou das atrocidades da guerra. Mas se deu conta da injustiça praticada após o cerco e o ataque final ao arraial de Antonio Conselheiro. Escreveu o livro entre 1898 e 1902. Pagou o custo da edição com dinheiro do próprio bolso. Quando o livro chegou às livrarias, refugiou-se no interior de São Paulo. Temia reação dos militares. Em três anos, o livro *Os sertões* se transformou em recordista de vendas: seis mil exemplares. A primeira edição se esgotou em dois meses.

Na época da guerra de Canudos, o Exército censurava todo o material jornalístico. Um repórter do *Jornal do Commercio*, do Rio de Janeiro, foi expulso de Canudos porque criticou a imperícia de um dos generais. Havia um cerco à informação. Assim como era antipatriótico criticar o escravismo nos idos do Império, era antipatriótico criticar a República. Como no passado, hoje se confunde denúncia com denuncismo. O denuncismo seria parte de uma cultura do quanto pior melhor. Da síndrome da denúncia levada ao exagero e à irresponsabilidade. Uma forma oblíqua de fazer da notícia um espetáculo. De chamar atenção. De se diferenciar da concorrência. Chocar a opinião pública. Denúncia, não. Denúncia é fato. Ela nos lança do falso para o verdadeiro. É muito simples dizer que a imprensa só vê o negativo, que cultua o pessimismo, que é perversa. A primeira reação diante de uma denúncia é perguntar se ela é verdadeira ou falsa.

O jornalismo investigativo é tão antigo quanto a imprensa. Em 1886, o jornal londrino *Pall Mall Gazette* já denunciava a prostituição infantil. Investigar e denunciar a corrupção político-administrativa tornou-se um mandamento da mídia. E onde há fumaça raramente não existe fogo. Contudo, adquiriu-se o péssimo hábito de considerar denuncismo tudo o que incomoda, o que faz pensar, o que desmascara crimes de quem detém o poder ou influencia o poder.

★★★

Desmentido: "Se eu quiser refutar tudo que se escreve ao meu respeito, terei de contratar 20 secretárias", anotou Marx, com discreto sarcasmo, em artigo publicado em 5 de janeiro de 1879, no *The Chicago Tribune*. O filósofo que revelou os mistérios dos mecanismos da economia capitalista escrevia com assiduidade para a imprensa, mas não se esforçava para responder aos seus críticos e detratores.

É enriquecedor seguir seu exemplo. Não se deve gastar munição com desmentidos, salvo quando efetivamente ameacem a reputação da empresa. Sob certo aspecto, o silêncio é a melhor resposta. Palavra geralmente atrai palavra. Quem bate sonha com um revide. Se não há revide, quem bate entra em desespero. Ser ignorado dói mais do que ser atacado.

Porém, pior do que um desmentido desnecessário, é tentar negar uma informação que pode ser provada pelos fatos. Nesses casos, a ingenuidade se entrelaça com a má-fé. Uma tragédia.

As contradições serão apontadas uma após outra. O noticiário negativo irá se adensar. Pior, ainda, é tentar impedir, via Justiça, a publicação de uma matéria negativa. A proibição vira notícia. Todos os jornais publicam. Um dos méritos de uma assessoria de Comunicação qualificada é tratar desses temas com isenção. Quanto acontece uma notícia errada na mídia, há muita gente nas empresas querendo ver o circo pegar fogo. São os puxa-sacos, os bajuladores, os que vêem no conflito uma possibilidade de tirar concorrentes do caminho, enfim, a miríade de interesses inconfessáveis é infinita. Por isso, é preciso cautela. É preciso ouvir o comunicador.

Às vezes, muito melhor do que a publicação de um desmentido, é convidar o jornalista que cometeu o erro para um almoço, para um jantar, e explicar o que de fato aconteceu. É simpático. É didático. Semeia relacionamentos saudáveis. É sobre o pano de fundo da tolerância que se desenha a perspectiva de formação das fontes de informação e da cultura de Comunicação nas empresas. Somente num ponto deve-se ser intransigente: é quando a mentira é divulgada de forma consciente para prejudicar a empresa, para comprometer seus negócios. Aí, não há concessões. Deve-se procurar o editor, o dono do veículo de Comunicação e mesmo a Justiça. Em partes iguais, o assessor deve administrar a tolerância e a compreensão profunda do que acontece por trás das aparências. Dessa combinação é que nasce a consistência do trabalho e a construção da sua própria reputação. Junto aos assessorados e junto à mídia.

★★★

Espontaneidade: Nas entrevistas muita gente se comporta como soldadinho de chumbo. Emoção zero. Sentimento, nenhum. Pura repetição de respostas previamente elaboradas. Um fracasso total. Geralmente, são pessoas muito fechadas, sem versatilidade, com vocação para esculpir normas de comportamento em pedra. Uma parte delas tem medo genuíno de jornalistas. Medo ou horror. Elas combinam sempre uma atmosfera de rejeição e de desconfiança. Sentem-se ameaçadas como se o entrevistador fosse um temível antropófago. Se o jornalista pressiona, dá alfinetadas, defendem-se com evasivas, perdem o ritmo, entram em contradição, atrapalham-se.

A outra metade fez *media training*, mas não captou a idéia geral do treinamento. Em lugar de assimilar a cultura de mídia, da Comunicação, se aferram à falsa percepção de que há fórmulas mágicas para dialogar com a imprensa. A elas é preciso repetir que a chave do êxito de uma boa entrevista está na espontaneidade. E esta se nutre não só do conhecimento, mas da certeza de que a espontaneidade, a naturalidade com que se fala, é uma mensagem decisiva para conquistar o público. A repetição mecânica de frases ensaiadas, a afetação, a tranqüilidade de aparência, não.

Certa vez, treinei uma assessora de imprensa para ser porta-voz de uma empresa, que, nas simulações de entrevistas, revelava-se excessivamente calma. Tão calma que lembrava uma beata santificada. Soava falso. Na realidade, era enérgica, cheia de vitalidade. Com o tempo, revelou-se hábil em responder a alfinetadas com firmeza e tato, sem prejudicar a empresa. Contou-me mais tarde que via os jornalistas como pessoas ardilosas que tudo fariam para que perdesse o emprego.

★★★

"Uma estratégia é tentar entender que posição você ocupa no mundo de hoje. Não onde você gostaria de estar ou onde esperava estar, mas onde está. É tentar entender onde você quer estar dentro de cinco anos. É saber as possibilidades reais de passar daqui para lá."
Jack Welch

Estratégia: Toda ação de Comunicação envolve uma estratégia. A estratégia de que falamos é diferente daquela que deu origem à palavra, na antiga Grécia, por volta do século V a.C., quando, em Atenas, surgiu a função de *strategus*, de responsabilidade dos generais, que tinham como tarefa comandar o exército em campanha e defender os territórios.

No princípio, a palavra foi muito confundida com *stratagema*, com conotação de enganar, confundir. Ou com a palavra *strategika*, que significa manobrar. Com o passar do tempo, a estratégia tornou-se sinônimo da arte militar, e o *strategus*, o chefe militar. Mas os conceitos de estratégia como arte de comando, que se cristalizariam no século 18, são incontáveis.

Estratégia é a arte de planejar a guerra e abraçar todos os seus aspectos. É a teoria de colocar a força de combate a serviço da guerra. É a arte do exercer o comando por meio do estado-maior da força armada. É a arte e a ciência de conduzir os exércitos em tempos de guerra. É algo que precisa ser planejado nos mínimos detalhes. É o conjunto de ações coordenadas de operações hábeis, e de manobras, com vistas a um objetivo preciso. Foi o que disseram, em síntese, estrategistas como Clausewitz, Napoleão, Jomini, Alexandre, o Grande...

São Tomas de Aquino sintetiza: "Estratégia é um ato de inteligência comandado pela vontade". Sun Tzu, mestre de estratégia chinesa, autor da *Arte da Guerra*, detalha: "Aquele que conhece o seu inimigo e a si mesmo ganhará 100 batalhas. Aquele que não conhece seu inimigo, mas que conhece a si mesmo, contará uma vitória para cada derrota. Aquele que não conhece nem ao inimigo, nem a si mesmo estará em perigo a cada combate". Como a ciência da guerra, o conceito de estratégia alargou-se, evoluiu.

Na Comunicação, ela é indispensável para que os objetivos possam ser conquistados. Para isso, é preciso planejar a estratégia, associá-la aos objetivos maiores dos negócios da economia ou da política. O grande e moderno conceito de estratégia encontra-se na noção de estratégia total ou integral. A novidade está na integração das estratégias de diferentes frentes – vendas, marketing, administração, comunicação etc... – para alcançar o máximo êxito na combinação de ações.

A estratégia tem a sua própria gramática, mas não a sua própria língua. Ela tem uma lógica que determina a cadeia de ações, mas são os fatores externos a ela que determinam o grau de êxito ou fracasso. Por isso, a capacidade de olhar em volta é tão importante quanto a visão das próprias possibilidades. Quando invadiu a Rússia, Napoleão, que costumava ser cioso dos detalhes dos planos de guerra, não previu a força incontrolável do "general inverno". Chegou a Moscou com um exército, bateu em retirada como se fosse um bando. É a capacidade de previsão que determina os erros e acertos.

★★★

"Não faça nada contra a sua consciência, mesmo que o Estado lhe peça."
Albert Einstein

Ética: Há muitas definições de ética. Uma delas, muito simples, é pensar no outro. Outra é dizer não às injustiças, como fez Antígona, a personagem de Sófocles e de Eurípides. Na Comunicação, ética é não tratar a notícia como mero produto, é descartar o apetite pelo horror ou pelo trágico, é não mistificar ou não manipular os fatos... Uma forma simples de exercitar a ética numa assessoria é tentar responder a questões como: o que é notícia de interesse da empresa?

O que é notícia de interesse da mídia? O que é notícia de interesse da sociedade. Nem sempre há convergência. Outro caminho da ética é não trabalhar para o mal. Para a empresa é fatal: destrói a reputação do concorrente, mas destrói, a seguir, a reputação do setor e da própria empresa que patrocinou dossiês, denúncias em *off* e outras práticas exóticas. Basta ver o que aconteceu com a construção civil. A incruenta guerra de Comunicação dos anos 1990 quase não deixou pedra sobre pedra.

Um aspecto relevante da ética em Comunicação é separar o que é público do que é privado. Ou o conflito entre as leis da família e da cidade. O exemplo mítico mais conhecido é a tragédia *Antígona*, de Sófocles. Antígona é a defensora da lei da família e reivindica para si o privilégio de enterrar um dos seus irmãos, Polinice, acusado de traição política, morto em combate por Etéocles, também seu irmão. Como traidor, Polinice está condenado a ter seu corpo insepulto, sem rituais, abandonado aos cães, às aves de rapina e ao tempo. Antígona se insurge e enterra o irmão. O ritual fúnebre era purificador. É condenada à morte por Cretone, o soberano que representa a lei da cidade.

Numa versão contemporânea, diríamos que Antígona, em que pese a justeza dos seus atos, representa aqueles que querem para si privilégios que a outros cidadãos são negados. Não é, porém, um tema fácil. Onde começa o que é da esfera privada e onde começa a esfera pública? Um artista, um homem público, um grande empresário têm direito à privacidade? Como deveria se comportar a mídia se uma personalidade pública fosse envolvida em um grande escândalo de caráter privado? Essa é uma questão em aberto, a exigir permanente atenção dos profissionais de Comunicação, a exigir o exercício da reflexão e do diálogo.

★★★

Fatos: Partimos de uma evidência irrefutável. Contra fatos não há argumentos. Foi o que ensinou o grande jurista Rui Barbosa. Fatos são tudo aquilo que não pode ser contestado. Que não se pode refutar. Pode-se discutir o fato. Jamais negá-lo. É um acontecimento devidamente confirmado, que pode ser narrado com exatidão. Ou a informação que não comporta contradição. Quanto mais original, mais um fato terá valor. Isto significa que a lógica matemática de um mais um são dois tem que sempre prevalecer. Assim, o exercício de lidar com os fatos é o mesmo que o exercício da credibilidade. A jornalista chilena Patrícia Verdugo, cujo livro *A Caravana da Morte* deflagrou a temporada de caça ao ditador Augusto Pinochet, afirma: "Pinochet é um genocida, um ladrão e um grande mentiroso". Os fatos: Pinochet, como ela apurou, ordenou vários assassinatos, entre eles os do general Prats, que foi comandante-em-chefe do exército no governo Allende; do ex-vice-presidente Bernardo Leighton; e do ex-chanceler Orlando Letelier, este morto em Washington, em atentado com uma bomba, em que também morreu um cidadão americano. Isto sem contar os assassinatos de presos políticos. Também guardava, sob nomes falsos, mais de uma dezena de milhões de dólares em contas no banco Riggs, americano. A jornalista provou que Pinochet se fazia passar por "um homem íntegro, honesto, que dedicou os seus esforços a organizar a economia e criar 'o milagre econômico chileno', que nada sabia das violações dos direitos humanos", mas que, na verdade, não passava de um "criminoso" e "corrupto". Tudo documentado.

No jornalismo, predomina a cultura dos fatos. Não pode ser diferente na Comunicação empresarial. A democracia exige troca de pontos de vista, é fundada na pluralidade de opiniões. Mas, desde meados do século 19, com o surgimento da grande imprensa nos Estados Unidos e na Europa, o fundamento maior do trabalho dos repórteres é a chamada verdade factual. A noção de honestidade encontra-se indissoluvelmente ligada à objetividade. Exatidão, exatidão, exatidão – eis o segredo da Comunicação de qualidade.

★★★

"Deus fez o homem à sua própria imagem, mas a do público é feita pelos jornais."
Benjamin Disraeli

Jornalismo: Não faz muito tempo, chamar notícia de produto era uma ofensa grave. O jornalista existia para fiscalizar o poder, não para se preocupar com a venda do que o veículo em que trabalhava produzia. Predominava uma separação inflexível entre a redação e o negócio. O símbolo máximo dessa cultura foi a *Time*, revista noticiosa americana, voltada para temas nacionais e internacionais, fundada pelo lendário Henry Luce, em 1923. Ele ficaria indignado, se ainda estivesse vivo e lesse publicadas as matérias sobre a imprensa americana com acusações de que a notícia virou um mero negócio. Que o editor bom é aquele que é bom de marketing. Que é aquele capaz produzir lucros para o veículo, fazer da notícia um espetáculo. E vendê-la. Não admitia que notícias fossem tratadas como peças de carne num açougue, sabonetes ou a pletora de produtos encontrados nas prateleiras dos supermercados. Ele fez da *Time* uma instituição da América, um hábito da elite e de milhões e milhões de cidadãos comuns, com o dogma da independência. Nunca aceitou fazer a revista de olho nos anunciantes. Como não aceitaria vendê-la em troca de celulares, livros e outros brindes. Era ortodoxo, porque sabia que, se não fosse, estaria cavando o próprio fracasso. Pode-se argumentar que o ambiente hoje é muito diferente do tempo de Luce, que morreu aos 68 anos, em 1967. Verdade. O eco dos sinais de alarme é audível. As pessoas estão lendo menos jornais e revistas. Os anunciantes estão se retraindo. O custo de produção das notícias escala pontos nos gráficos.

★★★

Jornalismo ambiental: É um capítulo à parte nas novas tendências da mídia. Foi depois da Conferência da ONU sobre Meio Ambiente, realizada em Estocolmo, em 1972, que as questões ambientais começaram a aparecer com maior freqüência na imprensa internacional. O novo *boom* ocorreu em meados dos anos 1980, com a descoberta do buraco na camada de ozônio, e das primeiras hipóteses sobre o impacto das atividades humanas no aumento do aquecimento global. A imprensa brasileira reagiu às preocupações dos países do primeiro mundo e se voltou para os problemas ambientais da Amazônia.

Em âmbito mundial, o tema da ecologia/meio ambiente/desenvolvimento sustentado hoje é considerado tão importante quanto a questão do terrorismo. Por desenvolvimento sustentado, entenda-se aquele que não compromete o destino das gerações futuras. Na Europa, inclusive, discutem-se políticas de redução do crescimento econômico e do consumo (no sentido amplo) para evitar a exaustão dos recursos naturais do planeta. Ou seja, o progresso precisa ser mais paciente.

No ambiente brasileiro, o tema ecologia tornou-se a grande fronteira de expansão do jornalismo. Está presente em toda grande imprensa, nas diferentes mídias. Reunidas na Eco Mídias – Associação Brasileira das Mídias Ambientais, segmento paralelo à grande mídia, as novas publicações somam 1,5 milhão de exemplares mensais. Os jornalistas ambientais trabalham integrados à Federação dos Jornalistas Ambientais, entidade fundada em 1993, que reúne 7.500 profissionais de imprensa, em 110 países. Quer dizer, o fato que vira notícia imediatamente é divulgado em escala global.

Perfil do ambientalista ou simpatizante: homem ou mulher, entre 22 e 45 anos, curso universitário completo ou incompleto, em 90% dos casos se informa pela televisão. Em sua maioria, vive no Centro-Oeste (36%) e no Nordeste (35%). Os dados constam de pesquisa realizada pela professora Samyra Crespo, da Universidade de São Paulo[31].

No *ranking* das prioridades nacionais, a preservação do ambiental ocupa hoje posição de destaque. Há 10 anos, o tema era quase desconhecido. Conclusão: o avanço é altamente expressivo. Isto vem motivando crescente interesse da mídia. Na época da Eco-92, nas redações, as reportagens de meio ambiente estavam associadas à preservação da fauna e da flora. Agora, os parâmetros mudaram. Tudo o que possa ameaçar a preservação e o respeito ao meio ambiente merece interesse. Novidade: rompeu-se com o dogma da imparcialidade. A mídia ecológica toma partido. Não o partido da empresa, do governo ou dos técnicos, mas da ecologia e do cidadão.

A democratização brasileira mudou radicalmente a natureza do relacionamento empresa-sociedade-mídia. As avaliações são feitas não apenas em função de lucros ou da modernização, mas, sobretudo, daquilo que diz respeito ao papel na sociedade. As promessas precisam ser cumpridas. A atuação responsável precisa ser uma prática, jamais um marketing. Caso contrário, as críticas e notícias negativas se tornam freqüentes.

Na indústria química, torna-se necessário resgatar o passivo de imagem-reputação acumulado numa época em que o tema da ecologia não fazia parte das preocupações das empresas. Embora não trabalhe diretamente com o consumidor final, o relacionamento com a sociedade e a mídia tornou-se uma prioridade. Da qualidade do diálogo depende o futuro dos negócios.

★★★

Limite: Conta Tolstoi no conto *De quanta terra precisa um homem*. Foi um pacto com o diabo. Um homem receberia toda a terra que conseguisse percorrer

---

[31] Meio Ambiente no século 21, *coordenação de André Trigueiro*.

até o pôr do sol. Como tinha pernas fortes e saúde de ferro, acreditou que pudesse demarcar vastos espaços. Não se deu descanso. Não comeu, não bebeu. Desafiou o tempo e a natureza. Quando o sol estava perto de se pôr, em lugar de retornar ao ponto de partida, como combinara com o diabo, resolveu ir ainda mais além. Redobrou os esforços. Precisava de mais e mais terras. Faltava-lhe fôlego, mas ele não desistia. Perseguia mais um pedaço dos campos, mais um pedaço dos vales férteis com que sonhava tornar ainda maior a sua fortuna, já colossal. Quando, afinal, reencontrou o diabo, estava exausto. Morreu, e por não conhecer seus limites, precisou apenas de um par de metros de terra para ser enterrado. O limite é a antiarrogância. No Oráculo de Delfos, estava escrito: "nada de excessos". Péricles afirmava, ao descrever Atenas do século V: "Amamos o belo, mas com frugalidade, e dedicamo-nos à sabedoria, mas sem fraquezas; usamos a riqueza para empreendimentos ativos, sem ostentações inúteis...".

Na visão dos gregos, os bárbaros eram diferentes, porque "não conheciam a moderação", lembra Luigi Zoja, em *História da Arrogância*. "Neles tudo era excessivo. Ao invés do simpósio, onde a bebida e o diálogo temperavam-se mutuamente, praticavam o grito e a embriaguez. Em vez da sobriedade das roupas e ornamentos, amavam os tecidos multicoloridos e os objetos cintilantes. Mas era diferente, também, sua sociedade. Não se regiam por aquelas normas que ligam os cidadãos no sentido horizontal e, ao mesmo tempo, os delimitam, tornando-os indivíduos. Os bárbaros formavam uma massa indistinta; por exemplo, para saberem quantos eram, não se contavam um a um, mas comprimiam-se em grupos sucessivos, num recinto que servia como unidade de medida, sabendo mais ou menos quantas pessoas se podia contar. Ao invés de cidadãos de uma sociedade, eram súditos de um déspota; em vez da ligação horizontal, conheciam a vertical, que fazia deles objetos nas mãos de um chefe. Por sua vez, a existência do chefe justificava-se na busca de novas conquistas, mesmo não havendo real necessidade delas." Na Comunicação, o limite é o equilíbrio, o antídoto aos ritmos cada vez mais velozes e superficiais, que distanciam o comunicador da qualidade e da ética da sua produção. Neutraliza o cálculo utilitário, que leva ao deslize de tentar tirar partido de circunstâncias e de relacionamentos.

★★★

Manipulação: Ao ler Heródoto, *A história*, observa-se a obsessão dos antigos pela manipulação dos vínculos com os deuses. Na Pérsia, a guarda imperial era chamada dos "Dez mil imortais". Se um caía em combate, imediatamente um "imortal" reserva tomava o seu lugar. Assim, o número 10 mil se mantinha estável, levando o pânico aos inimigos persas. Como recompensa, os "imortais" levavam uma vida invejável. Vestiam-se "com grande magnificência", recebiam grandes quantidades de ouro como recompensa e, onde quer que fossem, tinham autorização para levar suas concubinas.

Era um marketing que funcionava. Os persas também apregoavam serem filhos de Perseu e Andrômeda, da linhagem daqueles que possuíam o velocino de ouro. Graças a seus ancestrais, justificavam a posse dos seus vizinhos pela força das armas. Eram, como diziam, predestinados.

★★★

Media training (I): O quê? Uma expressão inglesa com 13 letras. Uma expressão que se aprende na prática e na filosofia da arte de falar, com muita determinação e o necessário conteúdo ético. Sem dúvida, a expressão é mais útil para quem queira criar uma imagem positiva como empresário, político ou governante, mas é também o caminho seguro para construir a reputação de entidades de classe, de corporações e o diferencial competitivo das empresas, além de dar alicerce à evolução dos lucros e da cidadania. Uma expressão que resume a ferramenta de absoluta atualidade para quem decide ou influencia decisões. Sim, *media training*.

Quem lê os jornais fica surpreso com a quantidade de crises e impasses que poderiam ser perfeitamente evitados, caso as fontes de informação estivessem mais preparadas para lidar com a imprensa. É muito comum utilizar palavras fortes contra um adversário ou mesmo aliado e, depois, voltar atrás, criando situações de constrangimento ou mesmo ridículas. É ainda mais comum falar demais, fazer metáforas fora do lugar ou, o que é pior, afirmar que a culpa dos escândalos e de toda a sorte de problemas é da imprensa. A eterna vítima daqueles que confundem a arte da responsabilidade com a arte equivocada das teorias da conspiração.

Há algum tempo, li nos jornais da região Centro-Oeste uma notícia que me fez refletir bastante. Tratava-se da libertação de um empresário que passara algo como uma centena de dias no cativeiro de seqüestradores. Avisada pela Polícia, a imprensa chegou ao cativeiro antes de a polícia tomar conhecimento do fato, e o resultado foi um carnaval de "brutalidade". O empresário foi fotografado em péssimas condições, sujo, barbudo, com o rosto vincado pelas condições demasiadamente cruéis a que fora submetido. Perguntei: não seria mais justo resgatá-lo primeiro, deixar que ele se recuperasse e, depois, consultá-lo se queria dar entrevistas e ser fotografado? Outra pergunta: por que a Polícia não organizou uma coletiva e apresentou os criminosos, estes, sim, o autêntico símbolo do seu êxito? Bastaria que houvesse cultura de Comunicação, e sensibilidade para com os direitos das vítimas de seqüestro, para que tudo ocorresse dentro de ritos civilizados.

Refiro-me a um caso policial porque é um setor estratégico, que expõe absolutamente o cidadão. Os erros são difíceis de reparar. Traumatizam. Mas poderia falar do Ministério Público, das universidades e do conjunto dos serviços públicos. Nesse particular, as empresas privadas são mais cuidadosas. Sabem que Comunicação bem feita é lucro que se realiza ou lucro que se deixa de realizar. Na área pública, ainda não se atentou para o fato de que os erros de Comunicação significam votos que se perdem ou que se ganham.

É assim em todas as democracias. Aqui não é diferente.

Por que entender de mídia? Muito simples. A cultura de mídia é parte indissociável de qualquer projeto que se proponha a ser vitorioso nos dias atuais. Há algum tempo, o parlamento francês resolveu tornar o *media training* uma rotina. Justamente para que os representantes da sociedade pudessem transmitir informações com mais segurança, buscando informar e formar opinião, em lugar de confundir.

O setor público tem muita responsabilidade naquilo que informa ou deixa de informar. A cultura de mídia pode evitar muitos erros e equívocos, que comumente ocorrem por pura falta de conhecimento de como trabalham os jornalistas e do significado da informação. Isto sem dizer que uma agenda positiva, qualquer que seja ela, depende em muito do relacionamento com a mídia.

Falar com a mídia é falar com a sociedade. O improviso pode seduzir, mas é uma sedução enganosa.

O drama é que o treinamento na área de mídia só acontece em momentos de crise. O que deveria ser uma prática rotineira, como cursos de atualização em economia, administração, gestão de pessoal, motivação, só ganha forma quando a água chega ao pescoço e não há outro jeito senão buscar o socorro de urgência. Claro, o paciente consegue se safar, a duras penas, mas vivo. O que não tem solução, nesses casos, é o passivo que vai pesar sobre o seu nome permanentemente, a desintegrar a sua imagem e reputação, muitas vezes duramente construída. E tudo porque é lugar-comum confundir investimentos em Comunicação com gastos. Um erro que quem lida com o público precisa rapidamente corrigir.

★★★

Media Training (II): Há hotéis no Brasil que dão cursos para que os funcionários entendam como os ricos se comportam. Na parte prática, eles visitam joalherias, butiques e restaurantes como se fossem clientes de classe alta e, assim, aprendem a se comunicar melhor com os hóspedes. Nos Estados Unidos, é comum os hospitais estimularem treinamentos em que os médicos ocupam o lugar dos pacientes. É uma forma de mostrar como sente e reage o outro lado. O *media training*, a despeito das suas peculiaridades, não é muito diferente. Uma das suas leis básicas é levar o participante para o universo das redações. Por isso, é preciso cuidar do conteúdo didático, com muito incentivo à participação, à reflexão, à crítica e ao debate. Há um outro fator relevante: a ênfase ao papel da imprensa na permanente consolidação da democracia. Há muita idealização dos executivos quanto ao relacionamento com a mídia. É produtivo sugerir uma visão pragmática que almeje melhorar as experiências de diálogo de lado a lado. São, também, freqüentes os treinamentos de prateleira, no estilo *commodities*.

Media training tem que ser sob medida. Nada de pautas que falem apenas sobre crises. Nada de exageros caricaturais de uma imprensa que só vê o negativo. A imprensa é diversificada. Abrangente. Não existe uma imprensa, mas muitas. Como são muitas as conexões entre o trabalho do comunicador de uma empresa e o do jornalista. O culto aos fatos. O culto à criatividade. O culto à originalidade de enfoque. A percepção do contexto. A diferença: o jornalista muitas vezes busca as contradições, o comunicador trabalha para aplainá-las. O *media training* com maiúsculas abarca esse universo de muitas cores, de muitos personagens, de muitas tendências, de muitos focos, com seus demônios e virtudes, limitações e progressos. O tema da credibilidade deve estar presente em tudo. Na elaboração das mensagens, no *position paper*, nas decisões de conceder ou não uma entrevista, no diálogo com o público interno, no relacionamento marketing-publicidade-mídia. Mais do que técnica, relacionamento com a mídia é arte, é política, é bom senso.

Os fracassos nas entrevistas devem ser vistos como parte dessas experiências, não como traições ou traumas. Um erro que se comete com freqüência é investir excessivamente nos treinamentos para televisão e rádio. Uma forma de corrigi-lo é primeiro identificar as demandas efetivas. Feito isso, selecionar os porta-vozes e treiná-los naquelas modalidades de que a empresa necessita. Outro erro freqüente é misturar a alta diretoria com funcionários menos graduados. Isto pode criar bloqueios tão devastadores como aqueles que um *hacker* impõe a uma rede de computador. O resultado dessas combinações perversas é um treinamento um tanto amorfo, tipo geléia, que confunde mais do que informa, atrasa mais do que faz avançar a cultura da Comunicação na empresa. Tecnicamente, é bom não esquecer, *media training* é um investimento caro, que consome tempo, dinheiro, planejamento continuado.

★★★

Mentiras: Elas se espalham como relâmpagos! O efeito da mentira é duplo – é um espantalho para a credibilidade daqueles que se vêem ameaçados pela malha fina dos escândalos e, ao mesmo tempo, amplia a dimensão das crises, ao acender o estopim de novas denúncias. ... Mentir é o caminho sem volta para transformar reputações em fumaça, mesmo as mais sólidas. O senador McCarthy, campeão do anticomunismo nos Estados Unidos, que atingiu o zênite do poder nos anos 1953-1954, foi demolido por um jornalista, Edward R. Murrow, que descobriu e denunciou algo muito verdadeiro: McCarthy não queria proteger a democracia americana, mas sim destruí-la. Fazia acusações, perseguia supostos comunistas, mas não apresentava provas visíveis. Sua intenção era enfraquecer as instituições, inclusive o Partido Republicano, que o levava a sério. Entrou para a história como realmente era: um usurpador perigoso. O que faz o crime da mentira, dizia Freud, não é o ato em si, mas a eliminação dos seus traços. Pois é assim que o mentiroso se apropria do ato.

Motivação: Duas histórias. Dizem que os deuses, querendo premiar os homens, resolveram dar a eles o dom da motivação. Contudo, havia um impasse: temiam que, ao se sentirem motivados – melhor dizendo, entusiasmados –, os mortais os igualassem ou mesmo os superassem e, assim, resolveram esconder a motivação no fundo do coração dos homens, para que eles, por iniciativa própria, acabassem por descobri-la.

A segunda história se passa na Europa, lá pelos idos do século 16, quando a motivação – o entusiasmo, repito –, era "uma forma de doença mental", como destaca Moacyr Scliar no livro *Saturno nos Trópicos*. Era uma época em que as pessoas ditas entusiasmadas se viam obrigadas a se reunir em seitas secretas, para fugir da sanha dos melancólicos, estes no poder, a despeito da permanente depressão, e da fuga para o álcool, para o trabalho compulsivo, para as guerras, para os conflitos, para o lado obscuro da humanidade, enfim.

Há toda uma polêmica em torno do tema. É algo que talvez lembre as intermináveis discussões em torno da *Ilíada* e da *Odisséia*, de Homero, com a *Ilíada* simbolizando a opressão de Esparta, o gosto pelo autoritarismo, a estupidez da violência, o medo subjugando a existência, enquanto a *Odisséia* significava exatamente o oposto: a liberdade, a viagem em torno do "eu", a evolução da Humanidade, o perfeito antídoto contra os venenos das tentações totalitárias. No duelo entre os melancólicos e os entusiasmados, o que estava em jogo era a frustração da inércia e a vontade de fazer.

★★★

"Vivemos com a mídia e pela mídia."
Manuel Castells

Novas mídias: Refiro-me às mídias não-tradicionais. A Comunicação é muito voltada para a grande imprensa. Esquece-se, geralmente, que esta se encontra em crise. Financeira. De identidade. De modelo. É muito igual, com espaços cada vez mais restritos, com critérios de seletividade que, cedo ou tarde, vão se tornar mais e mais rigorosos. Olha-se em volta e não é difícil perceber que há muitos novos canais a serem explorados, consolidados, ampliados. Além dos *sites* na Internet, há as cartas, a imprensa segmentada, os jornais internos, as *newsletters*, os *mailings lists*... Se uma matéria – artigo, nota, reportagem – é publicada na grande imprensa, nada mais útil do que amplificá-la por meio de um *mailing* selecionado, com um lembrete de duas ou três linhas, informando o significado do tema. Esses *mailings* podem ser ampliados até se tornar verdadeiros veículos para públicos dirigidos. É preciso estar sempre atento às possibilidades de divulgação fora do circuito da grande imprensa.

Palavras: Infelizmente, é preciso ser intransigente. Porém, não é fácil. Quando o cliente faz afirmações numa entrevista e depois se arrepende, quer voltar atrás, não é possível fazer nada. Tentar reformular as questões que ele levantou é impossível. Certa vez, conheci um empresário – rico e poderoso, mas falador contumaz – que vivia se gabando de não atender telefonemas do ministro de Minas e Energia. Tinha emissoras de rádio, de televisão, jornais. Tudo concentrado na região Centro-Oeste. Pois bem, concedeu entrevista a uma revista, e não deu outra. Contou a surrada história dos telefonemas não atendidos do ministro. Claro, a revista publicou. No dia seguinte, ele estava apavorado, suplicando por um desmentido. Elegantemente, a revista publicou. Gente assim, é preferível dispensar.

O critério de responsabilidade que vale para o jornalista vale para a fonte. Leon Tolstoi dizia: "As famílias felizes são todas iguais; as que não são, têm sua própria maneira de infelicidade". Os clientes sérios, parafraseando o grande escritor russo, são assim: todos iguais. Os irresponsáveis têm sua receita particular. Por outro lado, quando se escreve um artigo para o jornal deve se ponderar bem antes de dar o sinal verde para a publicação. Dizer sim e, depois, dizer não, é terrível. Desgasta. Ergue barreiras invisíveis. Às vezes, a angústia de romper limitações, mais do que a angústia de se expor, funciona como uma armadilha. Aquele que cruza um umbral do êxito após outro, e cresce em estatura, torna-se extremamente cauteloso. E inseguro. Com os medíocres não acontece diferente. Quem ambiciona ser um comunicador de verdade deve mirar-se no espelho dos heróis míticos, os fundadores de cidades. Personagens portadores de energia criadora, campeões das coisas por fazer, arrojados. Converter os assessorados a esse credo é uma ilimitada tarefa.

★★★

Pauta: A atividade mais emblemática da capacidade de um jornalista é criar pautas originais. Não é diferente na Comunicação empresarial. Mas não estou falando nas pautas a serem enviadas para os jornais e jornalistas. Refiro-me à sensibilidade para ver o que a empresa tem de positivo e torná-lo visível dentro de uma estratégia de ação. Certa vez, trabalhei para uma empresa que enfrentava sérios conflitos com a comunidade onde tinha raízes. Desenvolvi a teoria do cascalho e dos diamantes. O cascalho estava representado por toda sorte de pressões que mantinham a empresa sob ameaça. Os diamantes eram as realizações positivas que, por alguma razão inexplicável, estavam esquecidas, imersas nas sombras de um complexo de inferioridade anestesiante. Minha primeira iniciativa foi polir os diamantes, torná-los luminosos, cristalinos, revelar à comunidade sua realidade. A teoria dos diamantes e do cascalho foi a pedra angular da virada do relacionamento. A seguir, a empresa criou um jornal para divulgar os fatos positivos. Organizou palestras para apresentar ao Ministério Público e a autoridades do governo. Treinou os funcionários e os municiou com dados positivos para divulgar na comunidade. Eis o que se poderia chamar de pauta profunda. Aquela que sai do dia-a-dia provoca mudanças estratégicas na Comunicação.

Os treinamentos de porta-vozes, de executivos, de gerentes, principalmente, deveriam incluir cursos de feitura de pautas. A mais importante característica de um comunicador é ver o invisível. Colocar num contexto fatos que pareçam menores, isoladamente. Valorizar as notícias sem incorrer no pecado da manipulação, da mentira ou da falsificação. A Comunicação na empresa é mais do que um modelo. É, sim, uma forma de diálogo que permite toda uma série de criação. Ao comunicador cabe separar o joio – o que é original – do trigo – o que é rotineiro – e dar visibilidade. Pode-se dizer que tudo é notícia. Depende do público, depende do enfoque, depende do veículo.

★★★

Poder: O titã Prometeu foi acorrentado a uma rocha e condenado a ter o seu fígado devorado, todos os dias, por uma águia, por ter trazido à Humanidade o que não lhe poderia ser dado, o fogo. Ou o saber, o conhecimento, o progresso. Assim, ele desafiou o poder de Zeus, o implacável e ciumento senhor do Olimpo, que o puniu, mas estava consciente do significado do gesto. Nenhum poder é eterno. Nem mesmo o poder dos deuses. A tradução do mito: o homem não se prostra mais diante do poderio dos deuses. Não se curva, nem aceita o que considera injusto. A raiz de todo o processo de Comunicação está no exercício do poder. É o que lhe dá identidade e constrói diferenciações. É a fonte de esplendor e de obscuridade.

Segundo Domenico de Masi, na sociedade atual, "o verdadeiro poder deriva da produção e da manipulação da informação". A informação, ele afirma, é que determina, no presente, o futuro da sociedade, reduzindo ou ampliando a gama de escolhas. Explica, didaticamente: "Quando, nos anos 60, o grupo dirigente francês escolheu um futuro baseado na energia nuclear, os cidadãos franceses não sabiam disso, nem possuíam informações suficientes para julgar se essa escolha era realmente a única viável. Nos 10 anos seguintes foram induzidas necessidades, assim como criada uma estrutura energética de tal forma a tornar imprescindível e inevitável o recurso à energia nuclear. Assim, quando os franceses finalmente tomaram consciência do destino nuclear do país, era efetivamente difícil recolocar em discussão o processo que havia sido iniciado 10 anos antes. Exatamente o oposto aconteceu na Itália, onde a escolha da classe dirigente foi contrária à construção de usinas nucleares. Algo análogo apareceu no mundo inteiro, no que diz respeito às privatizações, aos investimentos na Bolsa e às fusões: a classe dirigente, mobilizando todo o seu aparato de centros de estudos e de mídia, fez com que muitos cidadãos, que somente mais tarde compreenderiam que eram as próprias vítimas, concordassem ou até mesmo se tornassem fanáticos defensores desses processos".

No Brasil, o mapa do poder está mudando. Governos são escolhidos democraticamente. As elites não decidem mais sozinhas. As empresas não conseguem mais se colocar acima da lei. A mídia tem o cidadão como parâmetro. A novidade, sem paralelo na história, é que as regras democráticas são aceitas. A Comunicação encontra-se no epicentro dessa modernização.

Comunicação é desafio, questionamento, busca do que está encoberto pelas máscaras, quebra de constrangimentos. Revela os rostos. Liberta as vozes. Dá a palavra aos mistérios. Dialoga com o real. Comprova que a sinceridade pode não ser uma hipocrisia, um jogo de cena ou uma farsa, mas não deixa de ser, como diz Edgar Morin, "uma passarela frágil e vacilante que, seguida até o fim, leva à confissão". Que, ainda segundo Morin, é o fator que "unifica a conquista da sinceridade e a busca da verdade". O círculo Comunicação-democracia-sinceridade-confissão-verdade é o poder e o antipoder.

★★★

Polêmica: Afirma Michel Serres em *Hermès III, La traduction*: "Eu não gosto de polêmicas. Não por medo ou temor, mas porque sei pouco dessas armadilhas retóricas feitas de sutilezas e cegueira que não são sancionadas, no final, sequer por quatro linhas de razão ou uma única linha de cálculo.". Regra número um, segundo Serres: o engajamento violento espelha o desespero de um dos contendores ou de ambos os contendores. Regra número dois: em lugar de apontar saídas, as polêmicas conseguem retardá-las ou dificultá-las. Veja Goya, em *Duelo a Garrotazos*: dois homens em confronto mortal, dois homens que poderiam buscar a convergência e o diálogo, mas preferem cultivar o instinto de morte, a destruição da vida.

★★★

Porta-voz: Existem predicados óbvios: a transparência, o conhecimento do negócio e da empresa, a capacidade de diálogo, a criatividade... Tecnicamente, não é difícil escolher quem fala pela empresa. Cada dia existe um número maior de pessoas capazes de mediar o diálogo com a mídia, na busca de um sentido consistente na divulgação de fatos e idéias. A dificuldade é encontrar quem, além dos predicados tradicionais, agregue a autoridade indispensável para dizer *não* em momentos difíceis.

Ouvi do diretor de redação de uma importante revista duas histórias que parecem beirar a ficção, mas são absolutamente verdadeiras.

A primeira trata de um influente líder empresarial, que também é parlamentar, e que, procurado para dar uma entrevista sobre projeto da sua autoria, gravou o que tinha a dizer em conversa com um dos seus assessores, e mandou entregar a fita ao jornalista. Foi o caos. O diretor chegou a recusar-se a atendê-lo e disse a um assessor: "Só falo com ele se ele me procurar de joelhos e conversar comigo em aramaico". A reportagem saiu informando que o empresário-político em questão não quis dar entrevista. Por que a entrevista gravada foi rejeitada? Era uma falta de respeito não apenas com a revista, mas, acima de tudo, com os leitores.

A outra história é a seguinte: uma grande empresa multinacional, envolvida em um polêmico litígio com uma associada, resolveu procurar a revista para dar uma entrevista e "contar tudo". Para surpresa dos editores, o "contar tudo" era uma entrevista em *off* – quer dizer, sem citar a fonte. Claro, a revista recusou a oferta. Aceitar o *off* seria assumir as acusações contra a associada da multinacional. Resultado: foi a empresa associada que contou tudo, assumindo a responsabilidade pelas informações. Assim, ganhou um espaço que não devia ser seu.

Esse elemento crucial do porta-voz, a autoridade, foi esquecido em ambos os casos. Certamente, porque os envolvidos nas reportagens desconhecem o metabolismo das redações. Ou, se conhecem, não conseguem transmitir aos assessorados. São problemas que costumam acontecer muito no meio político, onde os porta-vozes são militantes. Às vezes, são jornalistas experientes, conhecedores do *metier*, mas pecam quando têm que se posicionar. A presunção de que os jornalistas se dispõem a cair em armadilhas ingênuas ou sofisticadas é um erro que deve ser evitado. Pode-se aprender muito com os próprios erros, e com os erros dos concorrentes.

★★★

Reconhecimento: É a comunidade que dá ao indivíduo o reconhecimento do seu valor. Há uma nova consciência dos direitos no Brasil. Privilégios estão ruindo por terra. A lei está sendo restaurada. O País está se redescobrindo. Isto é muito bom. Evidentemente, existem impasses, violência, desigualdades, injustiças etc. Mas uma era está terminando.

As coisas estão mudando para melhor. Não falo da política de governo, de partidos, de ideologias. Nem de empresas, celebridades, políticos. Falo do movimento dos cidadãos.

★★★

Relacionamento: É caminho de duas mãos: se o equilíbrio entre dar e receber se rompe, restam os ritos formais e, com o passar do tempo, a indiferença. Para quem é fonte jornalística, um princípio é muito importante: o relacionamento não deve se limitar às entrevistas solicitadas, mas precisa, sim, ser marcado por iniciativas de fornecer aos jornalistas notícias exclusivas. Não confunda, jamais, relacionamento com ingerência. Às vezes, a fonte não entende nada: quer mudar títulos de matérias, ditar enfoques, privilegiar sua empresa, dar recados em *off* ao mercado... É como escalar uma montanha de costas. Não dá certo. No livro *Jornal Nacional – a notícia faz história*, Evandro Carlos de Andrade conta o seguinte episódio: "No início de 1998, Roberto Irineu telefonou e disse: 'Fulano telefonou e pediu para não dar no *Jornal Nacional* a notícia tal. Vê o que é isso'. Eu liguei para o pessoal do *Jornal Nacional*, e a notícia não seria dada, porque eles achavam que não era importante. Eu retornei a ligação e disse que nós não pretendíamos divulgar, mas como fora pedido para não dar, nós tínhamos a obrigação de divulgar. Ele concordou e nós divulgamos a notícia. Se o fulano não tivesse pedido, a matéria não teria ido ao ar. Daí resultou um princípio: pedir para divulgar a notícia é legítimo, e o editor decide se merece ser divulgada ou não, se é relevante e interessante para o público. Agora, pedir para não dar é uma falta de respeito ao jornalista. Porque é dever da profissão divulgar a notícia". Para os desavisados: Roberto Irineu é um dos donos da Rede Globo. Na época, Evandro Carlos de Andrade dirigia o jornalismo da emissora.

★★★

Se: Evite, evite, evite. Só fale sobre hipóteses quando for para traçar cenários. Ou se – eis o maldito personagem de volta –, de fato, for do seu interesse. A partícula "se" numa entrevista soa como aquelas perguntas muito longas. O jornalista está respondendo por você. Discorre sobre o tema. Você diz: tem razão. Ele publica o que disse como se fossem palavras suas. O Se expõe possibilidades que não são reais. Só que criam impacto. "Esquenta" a notícia. Mas não se faz história alguma com se. Se é pura possibilidade. Ou pura impossibilidade. Não é fato. É especulação.

★★★

Serenidade: Essa palavra evoca o mais elevado refinamento de espírito. É um dom maior, esculpido no autocontrole, na autoconfiança, na luz que afasta o orgulho e a arrogância compulsiva. É o perfeito antídoto contra as toxinas do autoritarismo.

★★★

"Silêncio, silêncio. É uma sorte de sacrilégio, quando se reza a Deus, queimar incenso e todo o resto. Pois nada falta àquele que é ele mesmo todas as coisas ou que contém em si mesmo todas as coisas. Então, vamos adorá-lo com a ação de graça: eis o mais belo incenso que se pode oferecer a Deus, a ação de graça dos mortais."
A.D. Nock, Hermès Trismégiste

Silêncio: Não fale muito. Jamais. Assim como escrever, a arte do discurso prima pela economia, a avareza mesmo, das palavras. Lembro-me de um episódio que aconteceu, há uns 10 anos, com o diretor de uma das grandes empresas que assessorei. Ele tinha conquistado um prêmio importante e uma revista especializada planejou fazer uma matéria de capa. O presidente da empresa considerou a iniciativa relevante, e saudável para a imagem do negócio, mas preferiu não dar entrevista. O diretor, imediatamente, seguiu pela mesma trilha. Como ao presidente não havia sido feita qualquer restrição, indaguei por que ele estava se comportando assim. Para minha surpresa, o atento personagem, de sabedoria florentina respondeu: "O silêncio fala muito alto. É preciso saber muito sobre o silêncio para se sobreviver numa corporação".

De fato é assim. Pode parecer estranho, mas quanto mais alguém fala numa reunião, por exemplo, menos impacto causa com suas palavras. Pior, desinforma. Quem entende a linguagem do silêncio – ou tenta entendê-la, na sua complexidade –, simplesmente observa. Identifica as tendências, as correntes de poder. Mede as palavras a serem ditas. Espera o momento oportuno. Não cultiva a ansiedade. Assim, evita cair no lugar-comum, ser enfadonho. Creio que aquele que seguir tal prática vai esfregar as mãos de contentamento com os resultados. De um lado, porque vai poder entender muito melhor o que acontece nas reuniões, no ambiente da corporação e, sobretudo, alcançar, com alguma profundidade, o jogo pesado dos bastidores. De outro lado, porque passará a ser mais respeitado.

O silêncio dói. É um tipo de rejeição, de condenação ao ostracismo, excessivamente violento. "O silêncio a respeito do meu livro está me deixando inquieto", escreveu Marx a Engels, a propósito do primeiro volume de *O Capital*. Engels apressou-se em convocar amigos a escrever resenhas sob pseudônimos para a imprensa burguesa. Dizia aos mais íntimos:

> *"O principal é que o livro seja discutido e rediscutido, seja de que maneira for. E como Marx não se sente à vontade para agir dessa maneira e, ainda por cima, é tímido como uma donzela, cabe ao resto de nós tomarmos providências (...) Nas palavras do nosso velho amigo Jesus Cristo, devemos ser inocentes como pombos e sagazes como uma serpente".*

De nada adiantou, o livro continuou coberto por "um profundo e completo silêncio", no amargo dizer de Jenny, mulher de Marx. Quando o gelo do silêncio se rompeu, *O Capital* se transformou no profeta de revoluções.

Muitas crises de Comunicação explodem porque as pessoas falam demais. Confundem sua visão pessoal com seu papel na sociedade. Não controlam as emoções. Querem ser literalmente donas da verdade. Os jornais estão cheios de notícias sobre autoridades que dão socos na mesa e, depois, voltam atrás tentando desmentir o que não pode ser desmentido. É preciso falar muito pouco para ter um pouco de poder e influenciar decisões.

É muito comum as pessoas se envolverem em polêmicas ocas. Como é comum em reuniões existir sempre um "reizinho" – aquele que tem sempre opinião para tudo –, a consumir um tempo precioso com idéias fora do lugar, sem qualquer disposição para ouvir outra voz que não seja a sua. Quem caminha na contramão da fala compulsiva, cedo ou tarde vai perceber que o silêncio é uma divindade: a porta por onde ele entra é a mesma porta por onde saem os deuses da informação – as pistas mais preciosas para os fatos que são efetivamente relevantes. Mais: é o silêncio que nos faz invisíveis. O silêncio é uma dádiva.

★★★

Simplicidade: tudo que é simples é inteligente.

★★★

"O que é o tempo? Quando ninguém me pergunta, eu sei; quando tento responder, não sei."
Santo Agostinho, Confissões.

Tempo: O uso do tempo muda conforme a perspectiva de cada um. Para muitos comunicadores, o tempo parece uma idéia abstrata. Não lêem, não estudam, não vão ao cinema, não vão ao teatro, não acompanham a imprensa internacional, não se divertem. Apenas trabalham e trabalham e trabalham para atender clientes, conquistar clientes, montar estruturas burocráticas, expandir os negócios. Tudo é para ontem. Não exercem o livre-arbítrio. Não há ritmo. Há correria. Não há harmonia, prevalece o caos. Não há planejamento, mas improvisação. Não há descanso, lazer, férias, feriados prolongados. O celular toca incessantemente. A qualquer hora, em qualquer lugar. A agenda engorda, engorda, ganha o aspecto disforme característico da obesidade. Como se o tempo de formação e evolução intelectual não fosse um processo cumulativo. Como se o tempo, a qualquer momento, pudesse ser recuperado. Como se não fosse possível, e recomendável, fazer uma coisa de cada vez.

O tempo é a medida de todo trabalho que se proponha a ter qualidade. Uma boa reportagem leva tempo para ser feita. Um trabalho de Comunicação com qualidade exige ainda mais tempo. Pois, se o jornal erra, publica um "erramos" no dia seguinte, e fica tudo bem. Na empresa, não.

Tanta falta de tempo tem uma origem óbvia: o uso irracional das novas tecnologias que aceleraram o tempo com a introdução do "tempo real", com tudo acontecendo simultaneamente. Mais. A natureza de nossa época é a sobrecarga de informações. Em Berkeley, estudiosos calcularam que, em 1999, havia 250 megabytes de informação disponível para cada habitante da Terra, ou o equivalente a 250 livros pequenos, ou a 12,5 disquetes cheios. Isto sem falar dos mais de 610 bilhões de e-mails circulando pela Internet, o equivalente a mais de 10 mil vezes a coleção impressa da Biblioteca do Congresso dos Estados Unidos. Tanta informação enlouquece. Em parte, são efeitos colaterais dos avanços tecnológicos, mas em parte é, também, conseqüência de não se repensar os impactos do progresso.

Caminha-se num campo minado, em alta velocidade, sem questionar os riscos do trajeto. Nas cartas a um amigo, Sêneca afirma: "Tudo está em outras mãos, Lucílio, somente o tempo nos pertence". Perder o controle do tempo é como morrer. Pedro, o Grande, em 1699, preocupado em igualar a Rússia à Europa, bateu de frente com a cultura tradicional russa, que considerava o tempo eterno, sem começo nem fim. O primeiro cuidado foi separar o tempo dedicado ao culto religioso do tempo dedicado ao Estado. Deu exemplos pessoais, fazendo divulgar sua agenda, de modo a associar a racionalização do tempo ao sentimento de dever. Lênin, no alvorecer da revolução de 1917, deixou-se seduzir pela "organização científica do trabalho", de Henry Ford, baseada na relação tempo–linha de montagem. Tempo e produção de valor estão entrelaçados. Nunca antes na história existiu um mercado global unificado em tempo real.

Afirma Manuel Castells, em *A Sociedade em Rede*: "O tempo é crucial para geração de lucros em todo o sistema. É a velocidade das transações, às vezes com programação computacional automática para tomadas de decisões quase instantâneas, que gera o ganho – ou a perda. Mas é também a circularidade temporal do processo, uma seqüência implacável de compras e vendas, que caracteriza o sistema. A arquitetura do sistema financeiro global, de fato, é construída com base em fusos horários, com Londres, Nova York e Tóquio ancorando as três transferências de capital, e vários centros financeiros não-ortodoxos influenciando as pequenas discrepâncias entre os valores de mercado na hora da abertura e do fechamento."

É impressionante o quanto nos tornamos dependentes do tempo dos negócios e que tão pouco, ou quase nada, tenhamos feito para dele nos libertar. O tempo da produção intelectual segue outro ritmo. Seu fio magnético é de natureza distinta. Ele depende da inspiração, da reflexão, de um método que não se coaduna com a produção em série ou com as vendas em tempo real. Uma nova era está começando e exige uma reinvenção do trabalho de Comunicação. Ao contrário da sociedade russa de Pedro, o Grande, atemporal, vive-se uma sociedade vincada pela escassez de tempo. O que tensiona é o choque da cultura da aceleração do tempo e a realidade do tempo necessário para a produção intelectual.

Diz Castells: "O novo sistema de Comunicação transforma radicalmente o espaço e o tempo, as dimensões fundamentais da vida humana. Localidades ficam despojadas do seu sentido cultural, histórico e geográfico, e reintegram-se em redes funcionais ou em colagens de imagens, ocasionando um espaço de fluxos que substitui o espaço de lugares. O tempo é apagado no novo sistema de Comunicação, já que passado, presente e futuro podem ser programados para interagir entre si na mesma mensagem. O espaço de fluxos e o tempo atemporal são as bases principais de uma nova cultura, que transcende e inclui a diversidade dos sistemas de representação historicamente transmitidos: a cultura da virtualidade real, onde o faz-de-conta vai se tornando realidade".

Traduzindo: é um tremendo conflito entre os limites humanos e os imperativos da cultura do tempo real. Conclusão: a confusão do tempo é a confusão do nosso espírito. É indispensável retomar o fio da ordem das prioridades, das idéias, fazer da confusão atual um estímulo à criatividade, à evolução, recusando idéias prontas, modelos ditos infalíveis, reaprendendo a viver e conviver com o mundo moderno, buscando genuínas armas para a ação. Como na história do *Gênesis*, fazendo do tempo um ato de criação, de caráter não-linear. Aos que contratam serviços de comunicadores, um lembrete: comunicadores que não têm tempo tendem a "vender" o que não podem entregar. O tempo é tudo.

Bibliografia

ADAUTO, Novaes (org.). **Ética**. São Paulo: Companhia das Letras, 1992.

_____. **O olhar**. São Paulo: Companhia das Letras, 1988.

ADLER, Mortimer J. (ed.). **Aquinas I**. Chicago: Encyclopaedia Britannica, 1994. Coleção Great Books of the Western World.

_____. **Gibbon I**. Chicago: Encyclopaedia Britannica, 1994. Coleção Great Books of the Western World.

_____. **Gibbon II**. Chicago: Encyclopaedia Britannica, 1994. Coleção Great Books of the Western World.

_____. **Herodotus/Thucydides**. Chicago: Encyclopaedia Britannica, 1994. Coleção Great Books of the Western World.

_____. **Plutarch**. Chicago: Encyclopaedia Britannica, 1994. Coleção Great Books of the Western World.

AMIET, Pierre. **L'Antiquité orientale**. Paris: Presses Universitaires de France, 1971.

ARGENTI, Paul A. **Corporate communication**. New York: McGraw-Hill, 1998

AZEVEDO, João Lúcio de. **O Marquês de Pombal e sua época**. São Paulo: Alameda, 2004.

BALZAC, Honoré de. **Illusions perdues**. Paris: Presses Pocket, 1991.

_____. **Os jornalistas**. Rio de Janeiro: Ediouro, 2004.

BEAUVOIR, Simone de. **O pensamento de direita, hoje**. Rio de Janeiro: Paz e Terra, 1972.

BERGER, Christa (org.). **Jornalismo no cinema**. Porto Alegre: Ed. Universidade / UFRGS, 2002.

BRANDÃO, Junito de Souza. **Mitologia grega**, v.I. Petrópolis: Ed. Vozes, 2004.

_____. **Mitologia grega**, v.II. Petrópolis: Ed.Vozes, 2003.

_____. **Mitologia grega**, v.III. Petrópolis: Ed. Vozes, 2002.

BRIGGS, Asa; BURKE, Peter. **Uma história social da mídia: de Gutenberg à Internet**. Rio de Janeiro: Zahar, 2004.

BROWN, Norman. **Hermes the Thief: the evolution of a myth**. Great Barrington: Lindisfarne Press, 1990.

CALMON, Pedro. **A vida de Simões Filho**. Salvador: Empresa Gráfica da Bahia, 1986.

CAMPBELL, Joseph. **El héroe de las mil caras: psicoanálisis del mito**. México, D.F.: Fondo de Cultura Económica, 1959.

CAMPOS, Haroldo de. **Ilíada de Homero**, v. I. São Paulo: Arx, 2002.

_____. **Ilíada de Homero**, v. II. São Paulo: Arx, 2002.

CARDOSO, Sérgio (org.). **Os sentidos da paixão**. São Paulo: Companhia das Letras, 1987.

CARVALHO, Luiz Maklouf. **Cobras criadas: David Nasser e O Cruzeiro**. São Paulo: Ed. Senac, 2001.

CASTELLS, Manuel. **A sociedade em rede**. São Paulo: Editora Paz e Terra, 2000.

CASTORIADIS, Cornelius. **Ce qui fait la Grèce: 1. D' Homère à Héraclite**. Paris: Éditions du Seuil, 2004.

CÉSAR, Caio Júlio. **A guerra civil**. São Paulo: Estação Liberdade, 1999.

CHAGAS, Carlos. **O Brasil sem retoque: 1808-1964**, v. I. Rio de Janeiro: Record, 2001.

CHAUÍ, Marilena. **Introdução à história da filosofia: dos pré-socráticos a Aristóteles**. São Paulo: Companhia das Letras, 2002.

CLURMAN, Richard M. **Até o fim da Time: a sedução e conquista de um império da mídia**. Rio de Janeiro: Civilização Brasileira, 1996.

CONTI, Mario Sergio. **Notícias do Planalto: a imprensa e Fernando Collor**. São Paulo: Companhia das Letras, 1999.

COULANGES, Fustel de. **A cidade antiga**. Rio de Janeiro: Ediouro, 2004.

COUSINEAU, Phil (org.). **A jornada do herói: Joseph Campbell vida e obra**. São Paulo: Ágora, 2003.

COUTAU-BÉGARIE, Hervé. **Traité de stratégie**. Paris: Institut de Stratégie Comparée, 1999.

DE MASI, Domenico. **Criatividade e grupos criativos**. Rio de Janeiro: Sextante, 2003.

DEBRAY, Régis. **Vie et mort de l' image**. Paris: Gallimard, 1992.

DROYSEN, Johann Gustav. **Histoire de l'Hellénisme**. Paris: Éditions Robert Laffont, 2003.

FERNÁNDEZ-ARMESTO, Felipe. **Idéias que mudaram o mundo**. São Paulo: Ed. Arx, 2004.

FINLEY, M. I. **História antiga: testemunhos e modelos**. São Paulo: Martins Fontes, 1994.

FONTES, Joaquim Brasil. **Eros, tecelão de mitos**. São Paulo: Ed. Iluminuras, 2003.

FOX, Robin Lane. **Alexander The Great**. Londres: Penguin Books, 1986.

FREUND, Andreas. **Journalisme et mesinformation**. Grenoble: La Pensée Sauvage, 1991.

GALLO, Max. **César Imperador**. Rio de Janeiro: Nova Fronteira, 2004.

GONTIJO, Silvana. **O livro de ouro da comunicação**. Rio de Janeiro: Ediouro, 2004.

GOURÉVITCH, Jean-Paul. **L'image en politique**. Paris: Hachette Littératures, 1998.

HAAG, Michael. **Alexandria: City of Memory**. New Haven & London: Yale University Press, 2004.

HABERMAS, Jürgen. **Teoría de la acción comunicativa I**. Buenos Aires: Taurus, 1999.

_____. **Direito e democracia: entre facticidade e validade**. Rio de Janeiro: Tempo Brasileiro, 1997.

HOURANI, Albert Habib. **Uma história dos povos árabes**. São Paulo: Companhia das Letras, 1994.

JAEGER, Werner. **Paidéia, a formação do homem grego**. São Paulo: Martins Fontes, 1986.

JOHNSON, Paul. **The birth of the modern: world society 1815-1830**. New York: Harper Collins Publishers, 1992.

_____. **The civilization of ancient Egypt**. New York: Harpers Collins Publishers, 1998.

JUNG, Carl Gustav (ed.). **O homem e seus símbolos**. Rio de Janeiro: Nova Fronteira, 1981.

KELLEY, Tom; LITTMAN, Jonathan. **A Arte da inovação**. São Paulo: Futura, 2001.

KOVACH, Bill; ROSENSTIEL, Tom. **The elements of journalism**. New York: Crown Publishers, 2001.

LACARRIÈRE, Jacques. **Grécia: um olhar amoroso**. Rio de Janeiro: Ediouro, 2003.

LE GOFF, Jacques. **Para um novo conceito de Idade Média**. Lisboa, Estampa, 1979.

LEMAGNY, Jean-Claude. **L'Ombre et le temps: essais sur la photographie comme art**. Paris: Éditions Nathan, 1992.

LIACHO, Lázaro. **Titãs da religião**. Rio de Janeiro: Livraria "El Ateneo" do Brasil, 1957.

LÓPEZ–PEDRAZA, Rafael. **Hermes and his children**. Einsiedeln: Daimon Verlag, 2003.

MACHADO, Roberto; POIROT-DELPECH, Sophie (orgs.). **Hermès, uma filosofia das ciências**. Rio de Janeiro: Graal, 1990.

MAGEE, Bryan. **História da filosofia**. São Paulo: Edições Loyola, 1999.

MAY, Rollo. **A coragem de criar**. Rio de Janeiro: Nova Fronteira, 1975.

McLUHAN, Marshall; MARCHAND, Philip. **The medium and the messenger**. New York: The MIT Press, 1990.

MEMÓRIA GLOBO. **Jornal Nacional: A notícia faz história**. Rio de Janeiro: Zahar, 2004.

MONTBRIAL, Thierry de; KLEIN, Jean (coord.). **Dictionnaire de stratégie**. Paris: Presses Universitaires de France, 2000.

MORIN, Edgar. **O método 1: a natureza da natureza**. Porto Alegre: Sulina, 2003.

_____. **O método 2: a vida da vida**. Porto Alegre: Sulina, 2002.

_____. **O método 3: o conhecimento do conhecimento**. Porto Alegre: Sulina, 1999.

_____. **X da questão: o sujeito à flor da pele**. Porto Alegre: Artmed, 2003.

MOSSÉ, Claude. **Alexandre, o Grande**. São Paulo: Estação Liberdade, 2004.

MUHLMANN, Géraldine. **Une histoire politique du journalisme (XIXe –XXe siècles)**. Paris: Presses Universitaires de France, 2004.

NABUCO, Joaquim. **O Abolicionismo**. Rio de Janeiro: Nova Fronteira, 1999.

NASSAR, Paulo. **Tudo é comunicação**. São Paulo: Lazuli, 2003.

_____. "Viva a mestiçagem", in **Meio & Mensagem**, São Paulo, p. 8, 8 nov. 2004.

NEVES, Roberto de Castro. **Imagem empresarial: como as organizações [e as pessoas] podem proteger e tirar partido do seu maior patrimônio**. Rio de Janeiro: Mauad, 1998.

NIETZSCHE, Friedrich. **La naissance de la tragédie ou hellénisme et pessimisme (1872)**. In Oeuvres. Paris: Éditions Robert Laffont, 1993.

NOCK, A. D. (org.). **Hermès Trismégiste: Corpus Hermeticum: Tome I, Poimandrès, Traités II-XII**. Paris: Les Belles Lettres, 2002.

_____. **Hermès Trismégiste: Corpus Hermeticum: Tome II, Traités XIII-XVIII, Asclepius**. Paris: Les Belles Lettres, 2002.

NORWICH, John Julius. **A Short History of Byzantium**. London: Penguin Books, 1998.

PETER, James; THORPE, Nick. **Ancient inventions**. New York: Ballantine Books, 1995.

PETIT, Paul. **História antiga**. Rio de Janeiro: Bertrand Brasil, 1995.

PEYREFITTE, Roger. **Alexandre Le Grand**. Paris: Éditions Albin Michel, 1981.

_____. **Les conquêtes D'Alexandre**. Paris: Éditions Albin Michel, 1979.

_____. **La jeunesse D'Alexandre**. Paris: Éditions Albin Michel, 1977.

PIRSIG, Robert M. **Zen e a arte da manutenção das motocicletas**. Rio de Janeiro: Paz e Terra, 1984.

PLATÃO. **Protágoras, Górgias, Fedão**. Belém: EDUFPA, 2002.

PRESSFIELD, Steven. **Tempos de guerra**. Rio de Janeiro: Objetiva, 2004.

RENAULT, Mary. **Alexandre L'enfant Perse**. Paris: Julliard, 1984.

REVEL, Jean-François. **Fin du siècle des ombres**. Paris: Librairie Arthème Fayard, 1999.

ROBERTS, J. M. **The New Penguin history of the world**. London: Penguin Books, 2004.

SAMPSON, Anthony. **O homem da companhia: uma história dos executivos**. São Paulo: Companhia das Letras, 1996.

SCARPI, Paolo. **Politeísmos: as religiões do mundo antigo**. São Paulo: Hedra, 2004.

SCLIAR, Moacyr. **Saturno nos trópicos: a melancolia européia chega ao Brasil**. São Paulo: Companhia das Letras, 2003.

SERRES, Michel. **Hermès I, la communication**. Paris: Les Éditions de Minuit, 1969.

_____. **Hermès II, l'interférence**. Paris: Les Éditions de Minuit, 1972.

_____. **Hermès III, la traduction**. Paris: Les Éditions de Minuit, 1974.

_____. **Hermès IV, la Distribution**. Paris: Les Éditions de Minuit, 1977.

_____. **Hermès V, passage du Nord-Ouest**. Paris: Les Éditions de Minuit, 1980.

_____. **The natural contract**. Michigan: University of Michigan, 1995.

SNELL, Bruno. **A cultura grega e as origens do pensamento europeu**. São Paulo: Perspectiva, 2001.

SOUZA, José Inacio de Melo. **O Estado contra os meios de comunicação (1889-1945)**. São Paulo: Annablume, 2003.

STARBIRD, Margaret. **Maria Madalena e o Santo Graal: a mulher do vaso de alabastro**. Rio de Janeiro: Sextante, 2004.

STONE, I. F. **O julgamento de Sócrates**. São Paulo: Companhia das Letras, 1988.

TRIGUEIRO, André (coord.). **Meio ambiente no século 21**. Rio de Janeiro, Sextante, 2003.

YEATS, W. B. **Uma visão**. Lisboa: Relógio D'Água, 1994.

ZOJA, Luigi. **História da arrogância: psicologia e limites do desenvolvimento humano**. São Paulo: Axis Mundi, 2000.